四川省重点出版规划项目

◆ 朱　清　李征光／主编

BLOCK CHAIN

国家战略
区块链应用
研究与实战

一场关于区块链技术
的认知革命

理论篇　见微知著
实战篇　绝知躬行
展望篇　未来已来

电子科技大学出版社
University of Electronic Science and Technology of China Press

·成都·

图书在版编目（CIP）数据

国家战略：区块链应用研究与实战 / 朱清，李征光主编.－－成都：电子科技大学出版社，2021.3
ISBN 978-7-5647-8621-2

Ⅰ.①国… Ⅱ.①朱… ②李… Ⅲ.①区块链技术－研究 Ⅳ.①F713.361.3

中国版本图书馆 CIP 数据核字（2020）第 255011 号

国家战略　区块链应用研究与实战
GUOJIA ZHANLÜE QUKUAILIAN YINGYONG YANJIU YU SHIZHAN

朱　清　李征光　主编

策划编辑　杜　倩　高小红
责任编辑　高小红

出版发行　电子科技大学出版社
　　　　　成都市一环路东一段159号电子信息产业大厦九楼　　邮编 610051
主　　页　www.uestcp.com.cn
服务电话　028-83203399
邮购电话　028-83201495

印　　刷　成都市火炬印务有限公司
成品尺寸　170mm×240mm
印　　张　15.25
字　　数　240千字
版　　次　2021年3月第1版
印　　次　2021年3月第1次印刷
书　　号　ISBN 978-7-5647-8621-2
定　　价　68.00元

扫二维码
与作者面对面

编委会

序一

XU YI

　　区块链作为赋能数字经济的底座与基石，近年来成为全球最受关注的新兴技术之一。2019 年 10 月 24 日，中共中央政治局举行了一次关于区块链技术发展现状和趋势的集体学习，标志着区块链技术被上升至国家战略。2020 年 4 月 20 日，区块链被国家发改委正式归入新基建，从基础上确立了区块链技术在我国实现高质量发展中的支撑性地位。

　　由于历史原因，大众目前对区块链的认知仍然存在着一些误解，一部分人仍局限于将区块链等同于比特币等数字货币，而对区块链最核心的信任信用机制在产业中的巨大应用价值认识不足。同时，在区块链技术方面，我国还存在明显的短板，尤其是"在区块链核心算法方面还有差距"，存在被"卡脖子"的风险。在区块链人才培养建设方面，我国的经验尚浅，相比美国等西方国家从 2014 年开始就在大学设立大量区块链课程，我国高校则一般都在 2018 年后才陆续开始这项工作。

　　本书最大的价值是没有陷入复杂高深的区块链算法、开发技术的细节研讨，而是由浅入深地从区块链相关的历史、原理、产业等多个方面，为读者全面展示区块链技术的核心与骨肉。书中尤其注重对区块链应用的举例分析，提供了丰富的区块链行业应用场景，从各个行业、各个角度为读者描绘了区块链的应用图景，让读者能够透过无形的区块链技术本身，看到有形的区块链落地应用，使本书适合各个层次的读者阅读。

　　"脱虚向实"已经成为区块链技术发展的主旋律。我国的区块链产业近年取得了长足的发展，各种应用场景遍地开花，"资产数字化，数据资产化"正在成为经济社会发展的主题。区块链技术发展的速度将在接下来的几年内突飞猛进，愈发深入我们的生活和经济活动。

2020年是不同寻常的一年，新冠肺炎疫情的突然暴发，给全球经济和国际形势带来了巨大的不确定性，给我国带来了全新的挑战，但这并不能改变发展的主旋律。以科技创新为动力，以数字经济为抓手，以内外双循环为策略，实现高质量发展，仍然是我们坚定不移的目标。在这个国际形势诡谲多变、机遇与挑战并存的新时代，希望本书的出版能够为技术、产业、应用等各方面的读者带来启发，为我国区块链产业的发展略尽绵薄之力。

电子科技大学网络空间安全研究院院长　张小松

序二

XU ER

区块链技术是非常有意思的一种技术。

在全世界范围内，理论和实践都在提醒我们这样一个事实：生产力的解放促进了经济的高速增长。经济的增长可促进财富的增长，促进就业，改善生活。

在"十四五"规划开启之际，在中国走向民族复兴、共同富裕的道路上，区块链技术将如何发挥其"国家战略"的作用？它又将在社会的发展中起到什么样的作用？

就像本书中提到的，与绝大多数主要作用于生产力的技术不同，区块链技术是一种主要作用于生产关系的技术。区块链技术对生产关系的调节，将极大地促进生产力的发展。这决定了区块链具有至关重要的且难以被替代的独特功能。因此，区块链技术能给我们带来很多不同角度的思考。

区块链不能直接提升生产力，不能让大楼盖得更高，不能让芯片造得更好，也不能带来坚船利炮。但是区块链能减少信息不对称的情况；区块链能促进公平；区块链能让价值的分配更加精准；区块链能够让财富更广泛、更合理地在其广阔的节点中进行分配，让整个社会以一种更高效、更公平的协作方式进行运转。

世间万物，最难衡量者，始终是人心。区块链虽然不能做到万众齐心，但却能将部分事项的决定权从少数人手中移交给铁面无私的代码。这不代表着人类社会的运行会被机器取代，而是在感性、欲望与理性、规则之间，寻得一个更佳的平衡。

希望本书能够在普及区块链基础知识的同时，让读者深入理解区块链的逻辑、思维和精神，了解区块链技术带给人类的意义。让我们在全球不断增加的节点中，一起见证区块链所带来的崭新世界吧！

中信改革发展研究基金会副理事长　蒲　坚

目录

MU LU

BLOcK
CHAIN

理论篇

　　2019 年下半年到 2020 年上半年，区块链行业迎来了历史性的机遇和改变。区块链技术先是被上升至国家战略，随后又成为新基建的一部分。国家对区块链技术的重视，无疑是区块链技术本身价值的体现。但是，区块链技术有一定的专业门槛，要想把区块链技术应用到产业中去，首先需要对区块链技术有基本的了解。

第一章

区块链，下一个颠覆

　　2019年10月24日，中共中央政治局举行了一次关于区块链技术发展现状和趋势的集体学习。习近平总书记强调，区块链技术的集成应用在新的技术革新和产业变革中起着重要作用，我们要把区块链作为核心技术自主创新的重要突破口，明确主攻方向，加大投入力度，着力攻克一批关键核心技术，加快推动区块链技术和产业创新发展。

　　这一讲话，在让区块链上升至国家战略的同时，也对企业实践区块链技术提出了更高的要求。区块链是什么？区块链有什么价值？企业如何应用区块链？这些都是亟待学习和探索的内容。在深入理解区块链之前，本章将先对区块链技术和区块链行业做一个简要阐述。

••••• 第一节　区块链的历史：革命悄临 •••••

　　区块链是一个年轻的名字。虽然年轻，但区块链却在有限的十多年历史中，以令人惊讶的发展速度和令人惊叹的神奇力量刷新着每个人的认知。关于区块链，没人敢说自己了解关于它的一切，因为区块链本身，就在以极快的速度自我更新，新技术、新名词、新思想持续涌现，任何人都需要持续不断地学习，才能紧跟区块链前进的脚步。而在了解企业应该如何实践区块链之前，让我们先对区块链这不长的历史做一个简要的回顾。

一　史前：传奇的沉淀

一般认为，区块链的历史始于比特币（Bitcoin，BTC）。事实上，当比特币诞生时，"区块链"这一概念还尚未出现，而是在后来的发展中才逐渐形成的。因此，讲到区块链，比特币是一个绕不开的话题。为了更为全面系统地理解区块链的价值，我们将从比特币再往前梳理，毕竟中本聪的思想并非凭空出现，在他那篇著名的论文《比特币：一种点对点的电子现金系统》发表之前，已经有一些技术带有区块链技术核心思想的一些萌芽，甚至成为区块链技术的雏形。这部分技术阐述对我们后文理解区块链并非必要，读者可以选择性阅读。

1976年，Bailey W. Diffie 与 Martin E. Hellman 发表了论文《密码学的新方向》，其中涵盖了非对称加密、椭圆曲线算法、Hash（哈希）等内容。这些密码学技术如今已经被广泛运用在比特币和区块链中。同年，哈耶克出版了经济学专著《货币的非国家化》，其中的非主权货币等理念为比特币提供了精神指南。

1980年，Merkle Ralf 提出了 Merkle-Tree（默克尔树）这种数据结构和相应的算法，后来的主要用途之一是分布式网络中数据同步正确性的校验，这种手段后来也被比特币采用。

1982年，Lamport 提出拜占庭将军问题，标志着分布式计算的可靠性理论和实践进入实质性阶段。

1997年，哈希现金机制（HashCash），也就是第一代工作量证明（Proof of Work，POW）算法出现了。在随后发表的各种论文中，具体的算法设计和实现，已经完全覆盖了后来比特币所使用的 POW 机制。但当时，这种算法主要用于反垃圾邮件，没能产生更大的影响。共识机制对区块链技术非常重要，我们将在后文详细阐述。

1998年，密码学货币的完整思想形成，戴伟、尼克·萨博同时提出密码学货币的概念，并分别发明了B-Money（被称为比特币的精神先驱）和Bitgold。其中Bitgold的提纲和中本聪的比特币论文里列出的特性非常接近，以至于有人曾经怀疑萨博就是比特币的创造者中本聪。

紧接着，1999—2001年，点对点分布式网络得到了发展，Napster、eDonkey 2000和BitTorrent先后分别出现，奠定了P2P（点对点）网络计算的基础。2001年，NSA（美国国家安全局）发布了SHA-2系列算法，其中就包括目前应用最广的SHA-256算法，这也是比特币最终采用的哈希算法。

于是，到了2001年，比特币或者区块链技术诞生的所有技术基础在理论上、实践上都被解决了，比特币呼之欲出。

二 区块链 1.0：比特币

尽管比特币的所有理论基础和技术基础在2001年就已经准备充足，但是直到2008年11月，中本聪才发表了他那篇著名论文——《比特币：一种点对点的电子现金系统》。紧接着，2009年1月3日，中本聪在一个小型服务器上挖出了比特币的第一个区块——创世区块，这天也被认为是比特币的诞生日，从此，比特币开始了自己的传奇历程。

2010年5月22日，比特币爱好者，程序员Laszlo Hanyecz用10 000个比特币买了一张价值25美元的披萨优惠券。这是历史上第一笔比特币购买实物的交易，5月22日也被称为"比特币披萨日"。而十年后，也就是2020年5月，这10 000个比特币已经价值6亿多人民币。

2010年12月16日，比特币矿池出现，"采矿"成为一项团队运动，一群"矿工"在Slush矿池挖出了它的第一个区块。而此时，比特币的价格很低，规模化的"挖矿"无利可图，可见，此时的比特币在并不能提供经济利益的情况下，也已经赢得了一部分人的认可。

2011年4月，比特币0.3.21版本发布。该版本由于支持UPnP（通用即插即用），实现了人们日常使用的P2P软件的功能，让任何人都可以参与交易，从而真正形成了市场，而不只是极客和技术人员的玩具。

2013年12月5日，《中国人民银行、工业和信息化部、中国银行业监督管理委员会、中国证券监督管理委员会、中国保险监督管理委员会关于防范比特币风险的通知》明确比特币不具有与货币等同的法律地位，不能且不应作为货币在市场上流通使用。

2016年6月，《中华人民共和国民法总则（草案）》对网络虚拟财产、数据信息等新型民事权利客体做出了规定，这意味着比特币等网络虚拟财产将正式受到法律保护。

2017年7月，由于比特币扩容之争，比特币正式分叉为BTC与BCH（Bitcoin Cash，比特币现金）两条链。

2017年12月，比特币约为2万美元/个；2021年2月，超过5万美元/个。

比特币作为区块链技术的第一个应用，也是数字货币的先行者，使区块链技术实现从0到1的突破，真正做到了影响世界。在区块链的历史上，比特币的地位无可取代。至今，比特币系统已经非常成熟，但为解决比特币扩容、增加交易性能等问题，仍有源源不断的新技术出现，可以说，比特币仍然处于高速发展之中。

三　区块链2.0：以太坊

比特币的地位虽然独一无二，但是由于其并不具备图灵完备性，开发者并不能在比特币的链上开发应用，因此，以太坊应运而生。

2010年，当时只有16岁的俄罗斯少年Vitalik Buterin进入比特币的世界，开始对比特币网络进行研究。

2013年年末，Vitalik Buterin发布了以太坊初版白皮书，启动了该项目。

2014年7月24日，以太坊项目开始进行预售，共募集了31 529个比特币，按当时市值约为1800万美元，彼时Vitalik Buterin才19岁。

2015年7月，以太坊主网上线。

2016年年初，以太坊的技术得到市场认可，价格开始暴涨，吸引了大量开发者以外的人进入以太坊的世界。

2016年6月，以太坊上的一个智能合约众筹项目The DAO被黑客攻击，使得以太坊面临重大危机。为了应对这次危机，以太坊不得不进行交易回滚，而也正是因为这次事件，造成了以太坊的分叉。同年7月20日，以太坊分叉为ETC（以太经典）和ETH（以太币）两条链，挽回了The DAO的大部分损失。

2018年1月，以太坊价格达到历史高点，每个以太坊约1432美元。

以太坊作为第一条可编程的公链，致力于建设一个全球范围内的分布式计算机，有着堪称完美的路线图和系统结构，被称为区块链2.0。以太坊的出现有着重要的意义，它成了区块链技术应用的一个重要基础，也成了大量区块链网络的底层系统。以太坊在发展过程中也遇到了诸多困难，而其2.0版本也已经在2020年年末发布，这也将对整个区块链行业产生重大影响。

四 区块链3.0：链改与数字社会

以太坊作为区块链2.0出现后，众多区块链从业者均展开了对区块链3.0的探索。一时之间，对于区块链3.0的定义众说纷纭。更有大量区块链产品将自己定义为区块链3.0，但却没有一个区块链产品像比特币或者以太坊那样，获得广泛的认可。

区块链3.0究竟是什么，值得我们思考。如果说比特币奠定了整个区块链技术的基础，而以太坊为区块链技术应用打通了道路的话，那么，区块链3.0，就应该是区块链技术的进一步广泛应用。比特币和以太坊代表的不仅仅是这两条公链自身，更是去中心化的精神和思维方式，是通过区块链底层开发应用的可能性，是技术的发展方向。

因此我们认为，区块链3.0，就是通过区块链技术，对传统企业和实体经济进行改革，实现"链改"，建立新的模式和业态，最终驱动数字经济，构建数字社会。本书将对这一主题进行深入探讨，让区块链技术能够深入我们经济社会的每一个角落。区块链将深刻影响我们的思维方式、组织方式与协作方式，从而真正实现区块链技术改变世界的梦想。

因此，关于链改的历史、原理和实际应用，下文将在纵览区块链技术和产业发展历史的基础上，层层递进地展开区块链3.0的画卷。

第二节　区块链技术原理：神秘面纱背后

区块链技术自2008年中本聪发明比特币开始，一路走来，经历了技术的储备、技术的发展和漏洞的填补，发展迅速的同时也坎坷丛生。站在2020年这个时间节点看，如今的区块链技术，其内涵已经远远超过了比特币，超过了去中心化记账，超过了公有链这样的单一定义范畴。如今的区块链技术定义，内涵丰富，外延广大，新的密码学技术、分布式技术，甚至大数据和人工智能技术，都在加速与区块链技术积极融合。在此背景下，如何对区块链技术原理进行精准且精要的定义，并非易事。在本节中，首先，我们将先回归区块链的分类，讲解每种类型的区块链技术特性及适用范围；其次，我们将介绍区块链的技术组成，这部分力求准确、易懂，便于非技术的读者亦可以掌握其核心思想；最后，我们将尝试用一种新的方式定义区块链的技术本质，并由此推导出区块链的核心价值所在。

一　私有链、联盟链与公有链

目前，业界主要按照区块链的参与者和网络架构形式，将区块链分为三大类：私有链（Private Blockchain）、公有链（Public Blockchain）、联盟链（Consortium Blockchain）。三者在技术特点、侧重点和核心功能等方面各有差别，并由此构建不同的应用场景与价值。按照是否需要权限许可，私有链和联盟链一般被称为许可链（Permissioned Blockchain），公链又被称为非许可链（Permissionless Blockchain）。

如表1-1所示，我们汇总了三种区块链类型的特点。

表1-1　不同的区块链类型对比

对比项	私有链	联盟链	公有链
参与者	个人或企业内部	多实体之间	全球任何人都可以参与记账的公开网络
共识机制	非必要	BFT类共识与非BFT类共识	主流包括POW、POS与DPOS等
记账者	单节点	多个节点共同记账，一般在个位数	任意数量，例如截至2020年2月，以太坊网络中有7500多个节点，而Bitcoin有一万个左右的节点
激励机制	非必要	可选	需要
去中心化程度	中心化	半中心化	去中心化
代表技术	任何公有链、联盟链都可以作为私有化部署	Corda、HyperLedger、Quorum等	Bitcoin、Ethereum、EOS、ZCash等
典型场景	链改概念验证，内部不提供服务的技术或应用研究	行业、组织、联盟等进行数据资源交互和交易的多中心化的共识机制，应用场景广阔	数字货币、去中心化金融、去中心化游戏等
吞吐量	较高	很高	一般较低

私有链，是一个封闭的分布式系统。由于私有链是一个内部系统，所以不需要考虑新节点的加入和退出，也不需要考虑作恶节点。私有链的共识算法还是传统分布式系统里的共识算法，比如Zookeeper的Zab协议，就是类Paxos算法的一种。私有链只考虑因为系统或者网络原因导致的故障节

点，数据一致性要求根据系统的要求而定。

公有链，是一个完全开放的分布式系统。公有链中的节点可以很自由地加入或者退出，不需要严格的验证和审核，比如比特币、以太坊、EOS（为商用分布式应用设计的一款区块链操作系统）等。共识机制在公有链中不仅需要考虑网络中存在故障节点，还需要考虑作恶节点（拜占庭节点），并确保最终一致性。

联盟链，是一个相对开放的分布式系统。对于联盟链，每个新加入的节点都是需要验证和审核的，比如Fabric、BCOS等。联盟链一般应用于企业之间，对安全和数据的一致性要求较高，所以共识机制在联盟链中不仅需要考虑网络中存在故障节点，还需要考虑作恶节点（拜占庭节点），同时除确保最终一致性外，还需要确保强一致性。

公有链是区块链技术的发源地。以Bitcoin为例，其诞生的核心出发点在于建立一个不需要中心节点，人人都可参与的去中心化支付和记账系统。其后的以太坊，建立的智能合约，其目的在于构建世界计算机，可将任意的计算与数据记录于链上。据统计，从Bitcoin问世以来，国内外目前已经开发出来的和待开发的公链达五千条以上，大部分公链项目伊始的核心目的是发行资产。

与1995—2001年的互联网泡沫情形相同的是，新技术必然带来大量的投机者涌入，这是所有的新技术都要经历的阶段。而不同的是，区块链作为去中心化的技术，将初始发行成本降到了前所未有的低廉，曾引发了疯狂的投机和造富神话。截止到2020年，公链领域的非理性发展阶段基本结束，公链性能和安全性，仍然有较长的路要走。以以太坊为代表的技术社区也在将最新的研究成果逐步转化和完善。同时，去中心化应用（DAPP）也摆脱了早期集中在游戏单一场景的局面，头部DAPP逐渐诞生，主要集中在金融、交易、社交、游戏这几大领域。不同区块链技术子领域的技术趋势如图1-1所示。

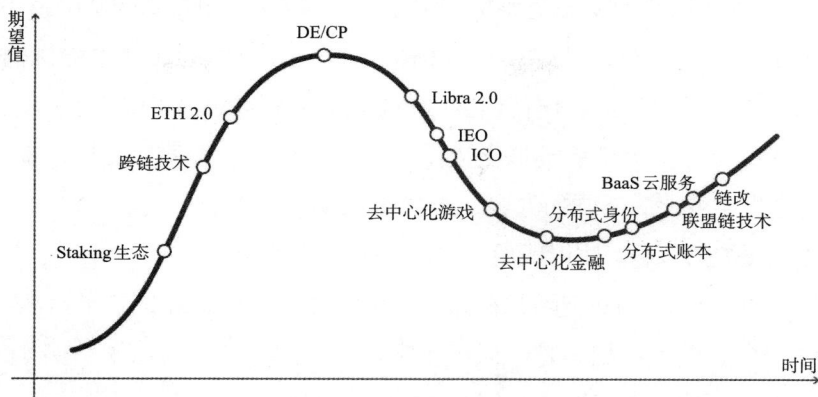

图1-1　区块链技术风向趋势图

反观联盟链，其核心特点为参与者是某个联盟实体的组成单位之一，需要许可权限才可以加入网络，多用于多实体之间的数据同步和数据交换，以保证多方共识和信任的形成。因为一般不涉及资产发行和经济激励模型，因此联盟链一直在平稳发展中。目前，主流的开源联盟链技术已经趋于成熟，并被不断地应用于政府、企业、机构，辅助实体经济发展。

二 区块链的骨架：核心技术组件

区块链技术通过一种特定的技术组合形式，达成以下三个目标。

（1）建立非安全环境中的分布式数据库（系统）。

（2）用密码学的方法来保证已有数据不可能被篡改。

（3）用共识算法来对新增数据达成共识。

为达成上述三个特性，我们将拆解区块链技术中的核心技术，包括哈希函数（又称作 Hash 函数）、非对称加密与数字签名、共识算法、智能合约。

1. Hash 函数与区块

Hash 函数是一类数学函数的统称。Hash 函数可以在有限合理的时间内，将任意长度的消息压缩为固定长度的二进制串，其输出值称为 Hash 值（也称为散列值）。以 Hash 函数为基础构造的 Hash 算法，在现代密码学中扮演着重要的角色，常用于实现数据完整性和实体认证，是区块链技术的基础组件。

Hash函数是一种从任何一种数据中创建小的数字指纹（也称作摘要）的方法。输入任何长度、任何内容的数据，Hash函数会输出固定长度、固定格式的结果，这个结果类似于数据的指纹。只要输入发生变化，那么指纹一定会发生变化。不同的内容，通过Hash函数得到的指纹不一样。

Hash函数在实际应用中的主要作用有以下两个方面。

（1）快速验证。Hash函数在区块链中，生成各种数据的摘要（指纹），当比较两个数据是否相等时，只需要比较他们的摘要就可以了。例如，比较两个交易是否相等，只需要比较两者的Hash值，快捷又方便。

（2）防止篡改。传递一个数据，要保证它在传递过程中不被篡改，只需要同时传递它的摘要即可。收到数据的人将这个数据重新生成摘要，然后比较传递的摘要和生成的摘要是否相等，如果相等，则说明数据在传递过程中没有被篡改。

Hash函数具有以下特性。

（1）任意长度输入，固定长度输出。

（2）抗碰撞性：如果 x 不等于 y，但是 $H(x)$ 等于 $H(y)$，那么我们就说 $H(\ )$ 这个函数不具有抗碰撞性（如图1-2所示）；反之，我们就认为其是具有抗碰撞性的。显然，不具有抗碰撞性的函数是无法做到一一对应的。

（3）不可逆性（也叫作单项性）：给定Hash函数 $H(\ )$ 和输入数据，可以在有限时间内求解出Hash值；但是给定Hash值，有限时间内几乎不能求解出输入数据。

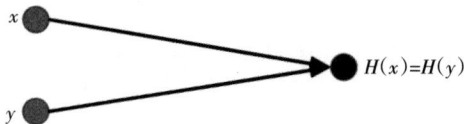

图1-2　Hash碰撞示意图

利用Hash函数的上述特性，区块链技术使用Hash函数将区块组成链式结构，即数据结构意义上的区块链。

区块，是区块链技术中存储数据和交易的基本结构。以比特币为例，比特币账本中的区块可类比物理账本中的一页，区块记录一段时间内的交易，由一个包含元数据的区块头和许多条交易记录组成。区块头包括了很多数据，如父区块的 Hash 值、时间戳和区块高度等。区块头可连接前一区块，使得区块中的每笔交易都是可追踪、有据可查的。通过区块头 Hash 值和区块高度可以区分不同区块（如表 1-2 所示），区块的 Hash 值能够唯一标识区块。

表 1-2　区块头包含的数据

数据字段	字段描述	字段大小(字节)
版本号	区块链协议当前版本	4
前一区块 Hash 值	前一区块中 256 位 Hash 值	32
随机数	满足目标 Hash 的随机数	4
时间戳	UTC 格式显示当前时间	4
默克尔树节点	区块链交易的树形结构	32
目标 Hash	共识算法目标	4

通过 Hash 值绑定关系，将区块构成一个前后相连接的链式结构（如图 1-3 所示），即为区块链。区块链每个后继区块都带有前一个区块内容的 Hash 值，保证了在最新区块已经生成的情况下，历史区块内容的任何改变都将使当前最新区块的 Hash 值校验无法通过，即从密码学算法上保证了多个节点完全同步的情况下，任意节点无法修改历史区块内容。

图 1-3　区块链数据结构

2. 非对称加密与数字签名

非对称加密技术与数字签名技术，曾主要应用于通信与互联网领域的数据传播。它能够让数据信息在传播过程当中使用加密解密的手段，提高数据的安全性，保证网络传输过程当中信息的安全。目前使用的信息加密技术中，主要使用包括RSA（Rivest-Shamir-Adleman）体制以及椭圆曲线密钥体制ECC（EIlipe Curve Cryptography）的公钥密码系统。

非对称加密算法需要两个密钥：公开密钥（Public Key，简称公钥）和私有密钥（Private Key，简称私钥）。公钥与私钥是一对，如果用公钥对数据进行加密，只有用对应的私钥才能解密。因为加密和解密使用的是两个不同的密钥，非对称加密可以用于消息的加密（如图1-4所示）。举例如下。

● 张三创建一条消息，比如"这是电子书"，用李四的公钥加密。

● 张三发的消息，由于用李四的公钥加密，所以只能由李四的私钥解密。拦截消息的人，由于没有李四的私钥，无法解密消息内容。这就确保了只有李四能访问电子书网址。

图1-4 非对称加密

在区块链中，非对称加密主要应用于身份验证（如图1-5所示）。每个用户的公钥地址代表其身份，并可以对全网用户广播其公钥，而私钥地址只有自己持有，代表其对公钥地址的唯一所有权。举例如下。

● 如果李四想给张三支付钱，他必须创建一对自己的私钥/公钥。注意：这2个密钥总是成对的，只能配对使用，不能混用。

● 现在，李四要支付10美元给张三，他创建了一条消息发送给张三，其中包含李四（发送方）的公钥、张三（接收方）的公钥和金额（10美元）。

● 此笔汇款的目的，如"我想从你这里买电子书"也被添加到信息中。

现在，整个消息都使用李四的私钥签名。当张三收到这条消息时，她将使用李四的公钥来验证消息确实来自李四。

图 1-5　非对称加密应用于数字签名

3. 共识机制

区块链系统作为分布式系统的一种形式，一个核心的基本问题在于保证相应系统内部发生的所有远程进程可以得到同样的结果。也就是所谓的在参与者中要求"共识"，共识协议保证每一笔交易都被网络中的所有的机器以同样的顺序复制并记录下来。同时，共识机制也是区块链不同节点之间产生和记录增量数据的核心算法。

所以共识机制，就是一种多方协作机制，用于协调多参与方达成共同接受的唯一结果，且保证此过程中参与方难以被欺骗，保证该机制持续稳定运行。在区块链系统中，共识机制旨在解决节点之间的信任问题。

我们选取了5种目前较为主流的共识机制进行比较，它们分别是POW、POS、DPOS、Raft和PBFT，其各自共识算法的对比如表1-3所示。

表 1-3　共识算法对比

	POW	POS	DPOS	Raft	PBFT
场景	公链	公链，联盟链	公链，联盟链	联盟链	联盟链
去中心化程度	完全	完全	完全	半中心化	半中心化
记账节点	全网	全网	选出若干代表	选出一个Leader	动态决定
响应时间	10分钟	1分钟	3秒左右	秒级别	秒级别
吞吐量	极低	中	高	最高	最高

工作量证明机制（POW）是区块链技术发展的第一阶段中，比特币系统使用的共识机制。在工作量证明机制运行的过程中，有若干要素需要进行阐述。其核心思想是让运行POW共识机制的节点通过计算满足特定条件的Nonce值，依赖Hash函数预算的计算复杂度，确保节点需要投入较大算力，形成有效的竞争，最终拥有最多算力的节点在统计意义上可以较大概率铸块。这样设计的优点是确保了去中心化环境下的安全性。由于算力分布天然的去中心化特性，最大限度地避免系统被单一节点或寡头控制；缺点是形成了大量的资源和能源的浪费。

以POS与DPOS为代表的权益证明机制的核心思想，是利用用户的资产抵押和节点投票，形成类似民主制或者民主代表选举制的共识机制。其去中心化程度不如POW，但减少了能源的浪费，在算法设计良好的前提下可以提供较好的安全性。以Ethereum2.0和EOS为代表的公链采用了这样的共识算法思路。

Raft和PBFT是联盟链中用得最普遍的共识算法。根据联盟链的业务场景特性，联盟链的共识节点具有准入权限，一般数量不会过多。同时，由于联盟链业务对系统性能一般有较高的要求，POW与POS这样被用于完全去中心化环境中的共识机制在确保安全性的前提下，会牺牲一部分性能，故Raft和PBFT等这类传统分布式系统共识算法在联盟链中应用广泛。它的核心思路一般是通过在多个节点之间通过某种阅读算法传递数据生产者的leader角色来实现，其安全性、一致性、可用性由算法设计保证。

4. 智能合约

智能合约，是由事件驱动的、具有状态的、获得多方承认的、运行在区块链之上的，且能够根据预设条件自动处理资产的程序。换言之，智能合约是一种用计算机语言取代法律语言去记录条款的合约。智能合约可以由一个计算系统自动执行，是传统合约的数字化版本，是执行合约条款的可计算交易协议，一旦部署就能实现自我执行和自我验证。

类似于传统合约，智能合约的全生命周期包括合约生成、合约部署、合约执行三个部分，如图1-6所示。

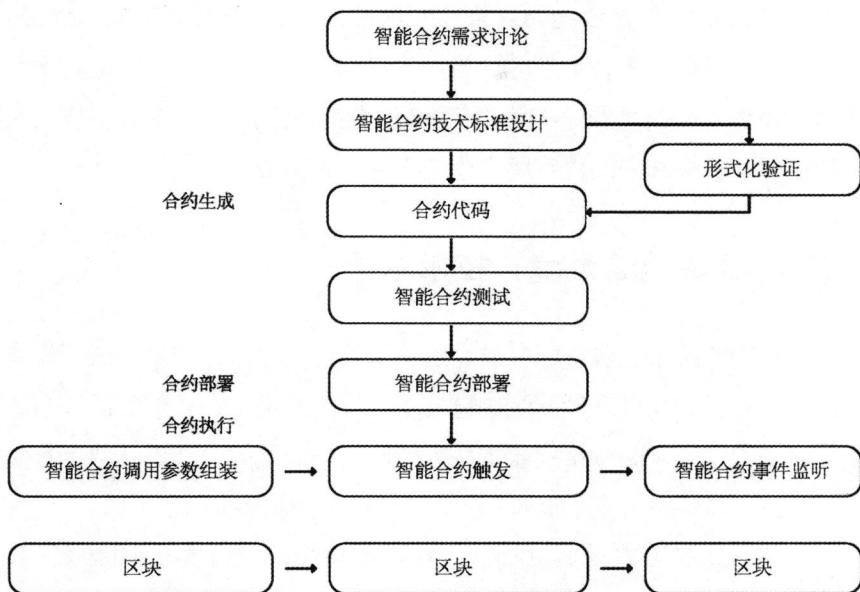

图1-6 智能合约生命周期

合约生成，主要包含合约多方协商、制定合约规范、进行合约验证、获得合约代码四个环节。具体实现过程为：由合约参与方进行协商，明确各方的权利与义务，确定标准合约文本并将文本程序化。

合约发布与交易发布类似，经签名后的合约通过P2P网络分发至每一个节点，每个节点会将收到的合约执行并将执行结果暂存在内存中并进行共识。合约的执行结果通过状态形式存储在区块链上。

智能合约具有如下特性。

（1）确定性。智能合约在不同的计算机或者在同一台计算机上的不同时刻多次运行，对于相同的输入能够保证产生相同的输出。

（2）可观察和可验证性。智能合约通过区块链技术的数字签名和时间戳，保证合约的不可篡改性和可溯源性。合约方都能通过一定的交互方式来观察合约本身及其所有状态、执行记录等，并且执行过程是可验证的。

（3）不可干预性。智能合约的所有条款和执行过程都是预先制定好的，一旦部署运行，合约中的任何一方都不能单方面修改合约内容以及干预合约的执行。同时，合约的监督和仲裁都由计算机根据预先制定的规则来完成，大大降低了人为干预的风险。

（4）低成本。智能合约自我执行和自我验证的特征，使其能够大大降低合约执行、裁决和强制执行所产生的人力、物力成本。

三　区块链的灵魂：技术本质

前面我们介绍了区块链的分类、区块链的基本原理与技术组成。现在我们将提供一种新的角度来理解区块链技术。传统意义上，我们对区块链的定义是：一种去中心化的分布式账本数据库。去中心化的含义是：数据存储的每个节点都会同步复制整个账本，保证信息安全，使其难以被篡改。

这种传统定义方式是通过描述区块链的特性来进行的，但区块链其实是一系列技术的特定组合形式，仅靠特性无法建立对区块链的真正认知。换言之，分布式账本、去中心化不是区块链的本质，难以被篡改亦不是区块链的本质。事实上，随着技术发展，尤其是在联盟链这一更具落地价值的区块链形式中，区块链技术包含更多内涵与外延。

不妨让我们回看计算机系统的起源：1936年，艾伦·图灵提出了图灵机计算模型；而冯·诺伊曼在图灵机的基础上给出了工程上可以实现的冯·诺伊曼架构，开启了信息化时代的繁荣。站在当今回看，我们见到的所有信息处理系统，包括物联网、互联网、服务器、移动设备等都遵循这种架构设计，其基本原理始终是如图1-7所示的。

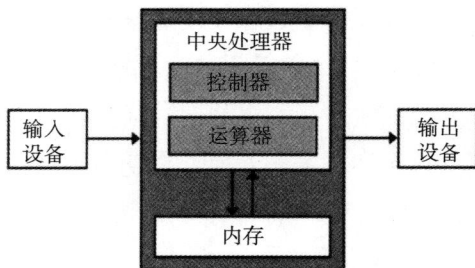

图 1-7　冯·诺依曼架构

如果我们用计算机体系结构的视角去看待区块链，区块链技术是一个冯·诺伊曼架构的延伸（如图1-8所示）。例如，在比特币中，"输入（Input）"是未定序、未确认的比特币交易，"输出（Output）"是有序的、经过确认的比特币交易，而"内存（Memory）"则是比特币账本的状态，其"中央处理器（CPU）"执行的是编码在比特币节点软件中的交易逻辑；而在联盟链系统中，"输入"是任意的数据，其"中央处理器"执行"智能合约"中的任意事先指定的逻辑运算，产生"输出"并存储数据至"内存"。因此，区块链系统在计算机体系结构意义上，可实现与现有冯·诺伊曼架构相同的计算与存储能力。

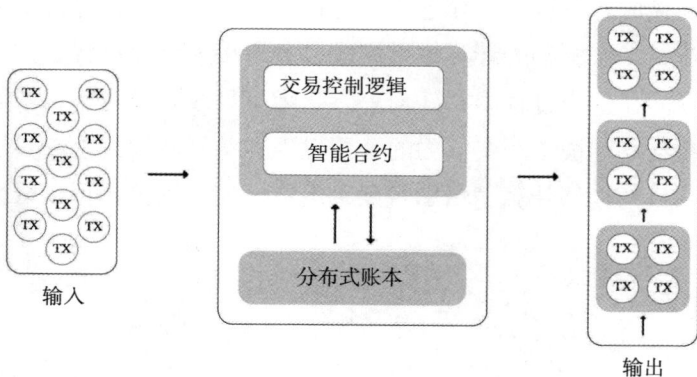

图1-8 区块链系统架构

但是，现有的冯·诺伊曼架构的计算系统，其计算过程始终在一个具有单一的控制方的、固定的物理计算设备上完成。它可能是一个手机、一台电脑，甚至是整个数据中心。只要做好黑客防范，这个系统的控制者可以相信这个计算系统。然而，其他人却没有对系统信任的依据，即系统的控制者无法用任何方式向第三方证明系统是可信的。

因此，区块链的本质是一个"和特定计算设备分离的'冯·诺伊曼架构'"，是一个"可向第三方证明的可信计算模型"，而这正是区块链所攻克的问题。

区块链将冯·诺伊曼架构的计算架构进一步拓展，使其同特定的物理计算设备分离，从根本上避免计算过程被单一的控制方掌控，让所有人都可以信赖这个计算系统。无论是工作量证明（POW）、权益证明（POS）还是拜占庭容错（BFT）等共识机制，上述计算过程的实际步骤都是在不同的物理基础（节点）上完成的。而不同共识算法的本质就是给出一个依次选择这些物理基础的方案，保证其公允且安全。同时在数据传递层面（提交输入、获取输出），借由既有的点对点网络技术，使得通信没有唯一固定的接入点，不依赖特定的IP地址，进而使得这个计算系统能够在所有人的监督下，可信地完成计算过程，很难被篡改，也很难被恶意阻止。

具体来讲，如图1-9所示，在区块链计算的使用场景中，将由多方企业和机构共同完成计算过程，如这一步计算在一家公司的计算机上完成，下一步计算在另一家机构的计算机上完成，各方接力计算过程，并由共识算法完成调度。在这个过程中，任何一方，如果篡改计算逻辑，或者恶意修改数据，将会立刻被下一个接力的公司发现，并且回滚到上一步正确的计算步骤。一旦预设好计算逻辑和规则，没有任何一家公司可以篡改或操纵这个计算过程。

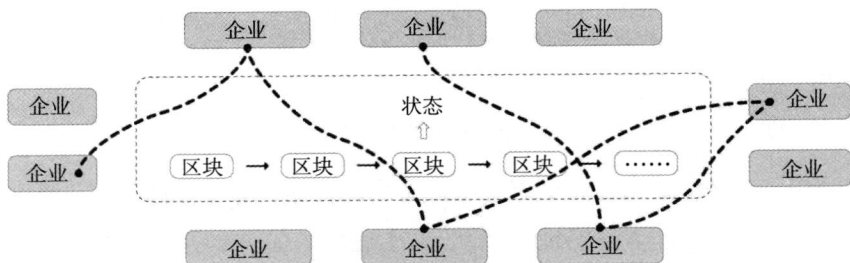

图1-9　企业间区块链使用场景

此外，一种常见的误解是区块链等于所有信息完全透明公开。在比特币系统中，所有的数据都是公开的，但数据公开不等于身份公开，用户间进行的比特币交易行为无法与真实身份有效关联，这是隐私的第一重含义；但此种隐私在联盟链中往往是不需要的。

关于数据隐私，更具现实意义的第二重含义为：随着区块链技术的进一步发展，通过对多通道、非对称加密、数据摘要与签名、零知识证明等技术的运用，如今区块链中存储的可以是不同形式的数据密文，在保证数据内容隐私性的前提下，数据在约定实体之间可以安全共享。

总体而言，区块链技术通过和特定计算设备分离的"冯·诺伊曼架构"，实现了与所有的信息基础设施同等的计算和存储能力。通过与特定计算设备分离，区块链技术将计算过程交由"多实体共同完成"，构建"可向第三方证明的可信计算范式"。区块链技术从时间概念上讲，对过去，实现了数据的记录与不可篡改；对现在，实现了针对数据和计算过程的共识；从而实现了贯穿过去与未来的系统性信任构建。

因此，区块链技术是一种真实、安全、保护隐私、可信任的，集存储与计算于一体的集成技术体系。

● ● ● 第三节　区块链产业：从沉寂到完善 ● ● ● ●

区块链技术的诞生并不意味着区块链产业的形成，事实上，在区块链技术诞生后很长的一段时间里，区块链的相关产业都处于沉寂状态。从2016年开始，随着区块链技术的发展和日趋成熟，区块链产业规模开始高速扩张，逐渐形成初步完善的产业业态。我们将从宏观角度，讲解区块链的产业规模、各产业组成部分的基本情况，以及目前产业所存在的主要问题。

一　产业总规模快速扩张

从2009年比特币产生创世区块开始，在此后一段时间内，尤其是在国内，区块链并没有形成产业化。在2016年前，区块链的产业规模增长一直非常缓慢。根据《2019腾讯区块链白皮书》所提供的数据，2016年之前，国内经营区块链相关业务的公司不足1000家，且数量增长缓慢。但从2016年开始，随着区块链技术的发展、概念的普及，以及市场行情的高涨，区块链公司数量开始呈爆发式增长，连续两年增幅超过50%。

因此，国内区块链的产业化可以认为是从2016年开始的。2016—2018年，区块链市场规模虽然相对较为有限，但是一直保持着非常高速的发展。如图1-10所示，据赛迪智库数据，2016—2018年，我国国内的区块链市场规模分别为0.11亿元、0.29亿元和0.81亿元，增幅分别为163.64%，179.31%。2019年与2020年的预测市场规模则分别为2.44亿元和5.12亿元，增长率仍然稳定在100%以上。

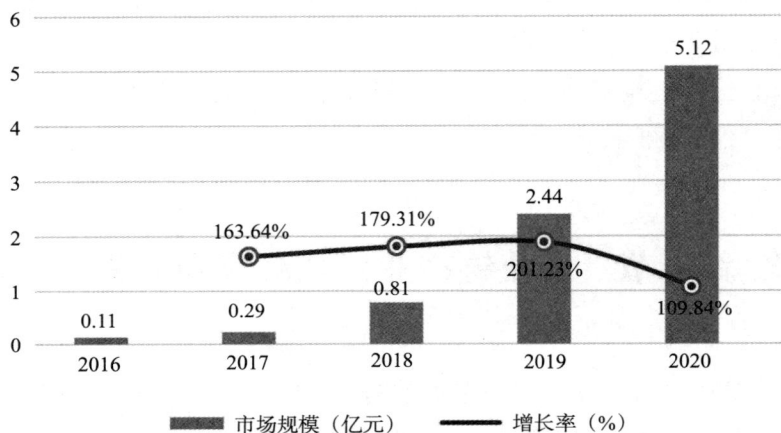

图1-10 我国区块链市场规模

根据行业情报公司Reportbuyer的数据，全球区块链市场规模将从2017年的4.115亿美元，增至2022年的76.837亿美元。另有数据预测，到2020年，全球区块链市场规模将达到139.6亿美元。这些数据存在一些差异，但都说明了区块链产业在全球的迅猛发展势头。

同时，我们也发现，我国区块链产业相较于全球区块链产业，份额仍然较低，仍然有着非常大的上升空间。国际数据公司（International Data Corporation，IDC）认为，2018年我国区块链市场支出规模达1.6亿元，并将在2022年达到16.7亿元。

另外，我们还可以从投资的角度一窥区块链产业的发展速度。如图1-11所示，近年来，区块链产业的投资额呈稳步上升趋势，并且战略投资所占比例逐年增加。

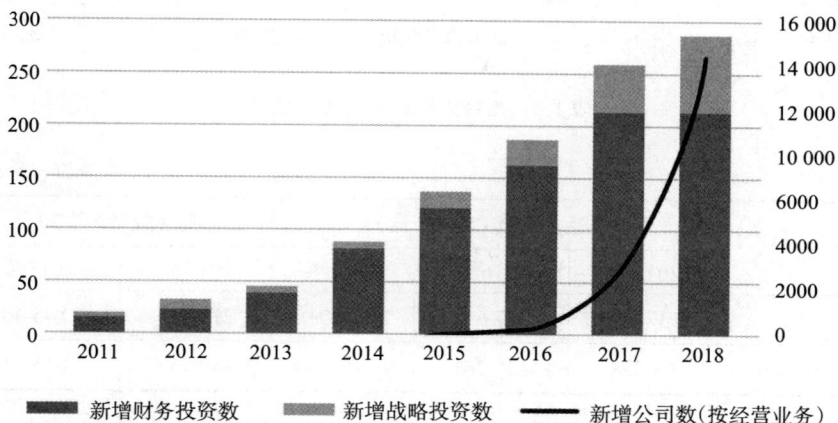

图例：
■ 新增财务投资数　■ 新增战略投资数　—— 新增公司数（按经营业务）

图1-11　区块链产业新增投资和新增公司数

二　产业生态逐渐完善

在产业规模逐渐增加的同时，区块链的产业生态也逐渐完善。我们通过综合考虑各种产业分类方法，将当前的区块链产业生态主要分为以下五个部分。

区块链硬件基建：主要包括矿机、服务器、存储设备等。

区块链软件基础：主要包括公链、联盟链等。

区块链软件服务：主要包括数字货币、交易所、钱包、DAPP等。

区块链行业应用：主要指区块链技术在产业中的应用。

区块链周边服务：主要包括孵化机构、媒体、投资机构等。

在此，我们就这五个部分一一进行简要阐述。

1. 区块链硬件基建：规模大，但上限可见

区块链硬件基建以比特币矿业为主。比特币是区块链技术的第一个应用，时间长，市值高，因此其矿业也有着相对较长的历史和较大的市场规模。早在2010年年底，首个矿池就已经出现了，而在2011年，专职的"矿工"就已经不是个别现象。比特币矿业发展到今天，已经有了非常大的规模。根据2019年年底举办的上海区块链矿业投资峰会所披露的数据，2019

年比特币"挖矿"产业规模达1121亿。如表1-4所示，根据比特大陆的招股说明书，仅2018年上半年，其矿机销售收入就接近30亿美元。

表1-4　比特大陆近年的收入数据

单位：千美元

	年度（截至12月31日）			年度（截至6月30日）	
	2015年	2016年	2017年	2017年	2018年
收益	137 343	277 612	2 517 719	274 450	2 845 467
销售成本	65 858	126 261	1 304 969	140 757	1 815 316

2019年，矿机头部企业嘉楠耘智在纳斯达克完成敲钟上市，成了"区块链上市第一股"。比特币矿业的规模可见一斑。

然而，区块链矿业发展至今，其发展势头已经出现了诸多限制，主要包括以下几点。

（1）"挖矿"难度上升。由于比特币的"挖矿"难度是根据全网算力进行动态调整的，因此随着矿业的发展和全网算力的增加，"挖矿"难度逐渐上升。从2013年5月到2020年2月，比特币的"挖矿"难度已经上升了约139万倍。即使是相对于比特币历史价格最高的2017年12月，2020年2月的"挖矿"难度也提升为彼时的约8.3倍。也就是说，2020年2月的比特币价格只有2017年12月的大约一半，"挖矿"难度却是后者的8.3倍。

（2）"挖矿"成本上升。在"挖矿"产业中，最重要的成本项目为"挖矿"所需的能源费用，一般指电费。因此，矿机的"挖矿"地点往往选在电费较低的偏远地区，然而，电费的上涨幅度仍然巨大。以四川省为例，2017年，四川的水力发电价格只需要不到0.2元，而2020年年初已经涨至0.26～0.28元。这大约1角钱的电价差异对普通人来说或许影响不大，但是对"矿工"来说，则意味着一年可达数千万的成本差异。

（3）市场和政策不明朗。比特币的价格波动较大，导致从法币本位上看，"矿工"的收入并不稳定。但相比于比特币价格的波动，政策的变化对于"矿工"来说更为致命。在我国，公民持有比特币等数字货币虽然是合法的，但是对代币发行、交易等活动的态度却并不鼓励和支持。在国内电费价格上涨后，很多"矿工"谋求将矿场移至部分其他发展中国家，但这些国家对于矿业的态度也比较消极。

总之，由于比特币的总量是有限的，比特币矿业的上限也被牢牢限死，加上比特币矿业并不产生价值，且需要消耗大量能源，虽然其规模巨大，但并非区块链产业的未来。

2. 区块链软件基础：基础差，产业发展是重点

区块链软件基础指的是区块链底层技术的研究与开发，主要体现在公链、联盟链，以及围绕在其上的结构、性能、功能等方面的优化。鉴于本节主要描述产业发展，故并不对技术细节进行讨论；而相关的发展史也已在前文中论述，因此也不做过多阐述。

从我国目前的产业发展方向来看，该部分主要表现为两个特点：一是区块链核心技术基础差，但将有明显的战略倾斜；二是公链发展遇阻，联盟链为当前发展热点。

我国在区块链核心技术基础方面，仍然较为落后。在共识机制、前沿技术（如分片等）方面，目前仍然缺少国内技术的身影。2019年10月24日，中共中央政治局举行了一次关于区块链技术发展现状和趋势的集体学习（以下简称"10·24集体学习"），习近平总书记特别提到："要强化基础研究，提升原始创新能力，努力让我国在区块链这个新兴领域走在理论最前沿、占据创新制高点、取得产业新优势。要推动协同攻关，加快推进核心技术突破，为区块链应用发展提供安全可控的技术支撑。"这段话无疑表现出了国家对区块链核心技术基础的重视。

另外，在公链和联盟链方面，一方面，初期公链发展较快，自2013年以太坊诞生后，公链持续发展，并于2018年成为业内最大热点。大量如今知名的公链，例如EOS、TRON、IOST等都是在这一年启动的，或者是在主网上线的。但是在接下来的时间里，公链的发展却并不尽如人意。不仅大量的明星公链项目宣告搁浅，头部公链如ETH、EOS、TRON等也都遭遇了各种各样的问题，发展速度大不如预期。以太坊从POW到POS的转移一推再推，EOS传言将被BM放弃，TRON被讥讽为只会博彩和炒作……第二梯队的公链也面临着严峻挑战，相关商业模式更是有待探索。

另一方面，为了服务于区块链的产业应用，联盟链的发展脚步逐渐加快。尤其是在国家战略引导区块链技术服务于实体经济后，鉴于区块链技术大规模应用还存在很多障碍，能够在局部快速应用的联盟链技术发展更为迅速。可以说，联盟链技术将是现阶段的一个发展重点。

3. 区块链软件服务：争议多，发展不明朗

区块链软件服务所涉及的数字货币、交易所、钱包、DAPP等部分，业内往往称之为"币圈"。这部分内容在过往引发过许多争议。在区块链技术的野蛮生长时代，大量项目借区块链之名，通过ICO（首次代币发行）等手段筹集资金，甚至进行非法集资和诈骗。

2017年9月4日，中国人民银行等七部委发布了《关于防范代币发行融资风险的公告》，公告明确表示，要立即停止各类代币发行融资活动，对于已完成代币发行融资的组织和个人应当做出清退等安排，同时全面关闭中国境内的数字货币交易所。一年后，中国银行保险监督管理委员会等五部委又联合发布了《关于防范以"虚拟货币""区块链"名义进行非法集资的风险提示》。而在"10·24集体学习"后，相关部门也多次强调，对于区块链技术的扶持并不代表对打着区块链名号所进行的非法集资和诈骗活动的纵容。

当然，国家对于数字货币并非只有限制。2019年8月18日，新华社发布了《中共中央　国务院关于支持深圳建设中国特色社会主义先行示范区的意见》，支持在深圳开展数字货币研究与移动支付的创新应用；从2014年开始，中国人民银行（简称央行）就开始进行对央行数字货币的研究，截止到2020年年底，央行数字货币（DCEP）已经在部分城市开始试点。

总的来说，我国对假借区块链与数字货币进行的非法活动持严厉打击态度；而对数字货币的交易、发行等的政策还不太明朗。因此，该产业业态的发展虽然已经走向规范，但是并非目前产业发展的政策重点。

4. 区块链行业应用：国家战略的重点方向

区块链行业应用，即运用区块链技术改革实体行业与经济，这也是本

书要讨论的主题。在全球范围内，2014—2015年就已经出现了将区块链技术运用于电力等行业的案例；而在2016—2017年，区块链技术的应用范围进一步拓宽，包括物流、医疗、金融等多个行业都开始出现区块链的身影。在这一阶段，国内也开始将区块链技术应用于各行各业。关于这一部分，我们将在本书的应用篇中分行业进行详细分析。

至今，区块链的初步应用已经广泛涉及国民经济中的各个行业，并出现了大量应用案例。根据互链脉搏的统计，2019年全年，全球共披露区块链应用项目845个，其中中国有400个，占比47%，大幅度领先其他国家。中国的区块链应用项目应用于政务领域的最多，达142个；其次是金融（94个）、贸易物流（含溯源，64个）以及社会服务与公共事业（44个）；其余领域均不超过15个。

如图1-12所示，根据互链脉搏统计，从2019年每月的区块链项目应用趋势来看，国内区块链项目的数量在11月出现了大幅度的增加，这显然是受到"10·24集体学习"所带来的利好政策的影响。

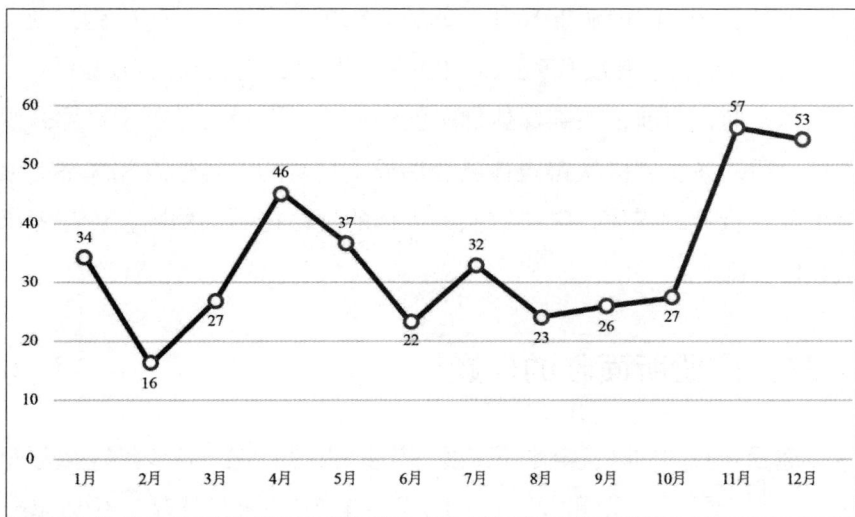

图1-12 2019年我国各月区块链应用数量

由此可见，"10·24集体学习"对于该部分产业业态具有巨大促进作用。习近平总书记的讲话中明确表示，"区块链技术的集成应用在新的技术革新和产业变革中起着重要作用"，要"加快推动区块链技术和产业创新发展，积极推进区块链和经济社会融合发展"，"推动区块链和实体经济深度融合"。可以说，将区块链技术应用于实体经济和产业创新，是"10·24集体学习"的核心内容，而区块链的行业应用，或者我们称之为"链改"，是国家关于区块链的核心战略中最为重视的核心部分。

5. 区块链周边服务：跟随整体产业的节奏

区块链周边服务为其他部分产业提供了支持，因此，该部分业态与产业主体的发展息息相关。由于区块链技术和产业都还处在发展的早期，因此区块链周边服务的发展也处于一个比较初级的阶段。

投资机构方面，根据亿欧智库的统计，截止到2018年，中国共有608家投资机构参与到区块链私募股权投资市场之中，其中有473家（约占78%）仅投资过一家区块链企业，而投资超过4家区块链企业的投资机构仅有41家。由此可见，大部分投资机构只是把区块链作为一个新兴的投资方向进行尝试，真正专注于区块链的投资机构非常少。

孵化器方面，国内从2016年开始就有相关的区块链孵化机构出现，但由于区块链行业目前并没有真正的"巨头"，因此缺乏成功的孵化案例。

媒体方面，目前，头部媒体梯队已经形成，在经历过国家对部分媒体的关停之后，各主要区块链媒体已经形成了自身的内容形态和风格。但是相对于成熟行业的媒体，区块链头部媒体的地位还不太稳固，后起者仍有较大赶超的机会。

三　产业所面临的问题

尽管目前我国的区块链产业发展态势良好，甚至在部分数据上处于全球领先地位，但是不可否认的是，我国的区块链产业发展仍然存在不少问题。

1. 区块链核心基础差

目前，我国在区块链专利数量上遥遥领先。据国家知识产权局统计，截至2018年10月17日，我国公开的区块链专利书达到2538件，占全球区块链专利数量的60%以上。但从专利技术领域来看，我国的区块链专利主要集中于H04L29/06、H04L29/08和G06Q20/38，主要是以协议为特征的传输控制流程和支付协议，而对区块链核心技术密钥分配等则研究较少，区块链基础核心技术非常薄弱，这一点，将是未来产业发展的一个现实基础与突破点。而正是因为基础薄弱，为了实现追赶，我们可以预见在这一领域会有明显的资源与战略倾斜。

2. 区块链应用范围集中

根据互链脉搏数据，从全球范围来看，目前区块链的应用项目主要集中在金融、政务、贸易物流、社会公共服务四个领域，但单项占比都不超过25%。相比于全球，中国的应用范围更为集中，光政务一项就占比36%，远高于全球的25%，如图1-13所示。

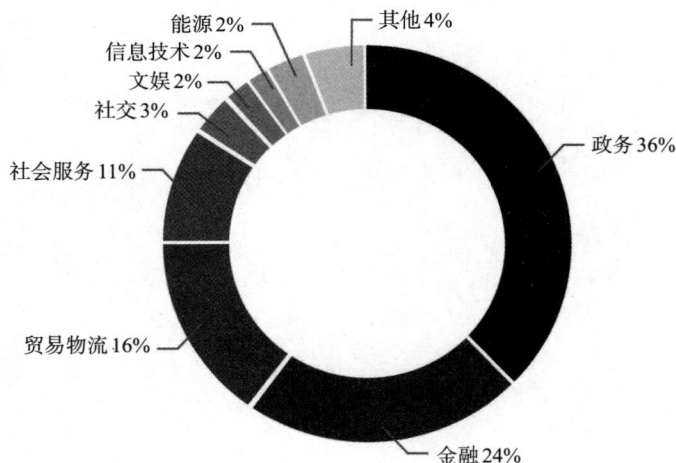

图1-13　2019年我国区块链落地项目分布

可见，我国在区块链技术的应用上还存在局限，区块链技术尚未广泛应用到各个实体经济行业中去。作为一门可以广泛在各行各业得到应用的技术，区块链的价值和应用实操还有待进一步摸索和落地。

3. 区块链人才储备有限

截止到2018年，我国开设区块链相关课程的高校数量已经超过美国。

但从时间上来看，美国高校从2014年就开始密集开设区块链相关课程，而国内大部分高校从2018年才开始开设相关课程。因此，我国区块链人才的培养还很难说是系统的、成体系的。

一方面，我国现有区块链人才的分布也较为不均衡。根据亿欧数据统计：区块链人才集中度很高，仅上海和北京两座城市就占了总数的75%，而即使是深圳也仅有12%；另一方面，在我国现有区块链存量人才中，核心技术人才稀少，根据赛迪研究院的数据，我国核心区块链技术人才初步估计仅有200～500人。

对于我国区块链人才的缺乏问题，习近平总书记在"10·24集体学习"中也专门指出，"要加强人才队伍建设，建立完善人才培养体系，打造多种形式的高层次人才培养平台，培育一批领军人物和高水平创新团队"。

2

第二章

区块链价值何在

区块链技术究竟有什么价值，一直存在诸多的讨论与争议。就像人的一生也在不断寻找自身存在的意义一样，区块链这一年轻的技术，也在不断展现自身的价值。而这，也将成为区块链技术自身发展的原动力。

要想全面、深入地理解区块链技术，也必然要从区块链技术的价值入手。区块链技术价值有哪些？这些价值之间的关系是怎样的？哪一项才是区块链技术的基础价值？这些都将是本章要探讨的内容。

·····● 第一节　搭建信任的桥梁 ●····

一　信任：协作的前提

理性经济人假设认为，人的经济行为的目标就是利己。虽然理性经济人假设并不完全正确，但这并不影响这样一个事实：人类在从事经济活动时，利益的占比较重，而这也是人类作为一种生物的生存本能。

人类在发展、追求利益的过程中发现：个人所能追逐的利益是极其有限的。作为人类的一个个体，无论是能力、时间还是精力，都会严重受限，因此，人类学会了协作。在原始社会，人类已经能够通过分工合作来捕猎体型远大于人类的野兽，而这对于单个人类个体来说是不可能完成的。

于是，通过协作的方式，人类可以获得的利益完成了成倍的增长，而在人类的历史上，人类也在不断探究更好的协作方式。可以说，协作是人类能够完成文明的发展与进步，取得人类社会的一切成就的前提和基础。

而协作则一定需要建立在信任之上。

在一个协作关系中，利益分配的问题是不可避免的。虽然协作能够大大提升团队的利益总额，但是作为单个的个体，仍然需要考虑团队中的利益分配问题。这个问题贯穿了人类社会的始终，也不可避免地破坏着协作关系的效率。

因此，在达成协作关系之前，信任问题成了考虑的重点。"我"能不能信任对方？对方在利益分配时能否按照约定来进行？双方的付出和回报是否成正比？这些问题成了阻碍协作达成，以及协作达成后阻碍协作顺利完成的最大障碍。

二　过往，人类如何解决信任问题

我们先从微观具象上考察，在人类过往的历史上，两个个体之间如何通过传统方式产生信任。

1. 利益一致

当两个个体产生相同的利益时，就可以达成一定的信任关系。例如，在原始社会，某个部落的人类都面临生存的压力，都需要捕猎来填饱肚子，那么这个部落就达成了利益一致，从而互相达成一定的信任。

这种信任是建立在一致的利益之上的。也就是说，个体A相信个体B不会损害自己的利益，因为双方的利益一致，损害对方的利益就是损害自己的利益。然而，利益一致从来不是一个固定的形态，而是在不断变化之中，因此这种信任难以长久。

2. 亲密关系

在理性经济人假设中，假设人类是完全理性的，但是在现实生活中，人类也有非常感性的一面。因此，人类更倾向于信任与自己有亲密关系的人，如父母、配偶、朋友等等。在这种亲密关系中，信任关系更容易建立。虽然这种信任也并非牢不可破，但是却能够切实起到作用，而且在某一阶段，甚至可能成为建立信任的主要手段。

然而，由于人的精力有限，亲密关系总是有限的。尤其是随着现代科技的发展，某个个体需要和来自全世界的大量其他个体进行交流，能够发展成亲密关系的总是少部分，光靠亲密关系来建立信任是远远不够的。

3. 历史信用

个体之间完成一次合作，并得到了双方都较为满意的结果之后，历史信用就产生了。个体A通过考察个体B的历史信用，就可以对个体B产生信任。这种信任建立的方式较为可行，但是显然无法适用于初次接触；同时也无法排除历史信用不稳定以及被篡改的情况。

4. 与协作相关的属性

通过一些渠道，个体之间可以了解到对方的一些信息，从而做出对方是否可以信任的判断。比如，A要借钱给B，如果A能够了解到B有足够的经济实力，那么在其他属性相同的情况下，显然B会比一个没有经济实力的借款人更值得信任。

5. 第三方机构

当个体A和个体B之间无法达成信任时，他们可以找到第三方机构C。如果双方都能够信任第三方机构C的话，那么A与B之间的信任就能够达成。在这种信任模式下，其实就把A与B之间的信任问题转化为了A与C以及B与C之间的信任问题。而A与C、B与C之间又如何建立信任呢？这个问题就又回到了前面四点的解决方式。

将上文所述微观解决方式放大，就成了宏观解决方式。如：整个社会的经济发展程度越好，所有个体之间就越能够达成利益一致；社会的信用体系越完善，历史信用就越有参考意义；国家和政府的实力越强，作为最强的第三方机构，也越能通过法律等手段促进信任的达成。

三　区块链如何帮助人类建立信任

实际上，前文所述之"解决方式"，之所以能够多多少少解决信任问题，正是因为这些方式都能够在一定程度上改善信息不对称的现象。我们知道，信息不对称指的是在社会政治、经济等活动中，一些成员拥有其他成员无法拥有的信息，掌握信息比较充分的人员，往往处于比较有利的地位，而信息贫乏的人员，则处于比较不利的地位。信息不对称可能导致出现逆向选择现象，使得信息劣势的一方难以顺利地做出买卖决策，从而使价格失去了平衡供求、促成交易的作用，进而导致市场效率的降低。

例如，商家知道自己所售卖的产品的质量，而消费者不知道，这种信息不对称在某些情况下，可能造成即使产品降价，消费者也不会增加购买的情况。因为他们不清楚产品质量，可能认为低价代表的是劣质。这无疑对商家和消费者之间的信任产生了严重的影响。

因此，高效地建立信任的方法其实是高效地消除信息不对称的方法。前文中所提到的"解决方式"，在消除信息不对称的效率上是比较低的，而又需要付出较高的成本。而区块链，显然通过了一个更为本质的方式来消除了信息不对称：区块链通过技术手段，构建了一个真实、透明、不可篡改的数据网络。只要是在这个网络上的协作方，都无法通过欺骗、隐瞒等手段维护自己信息不对称的优势地位。由此，它可以使得协作双方充分、平等、真实地交换信息，为信任的顺利建立提供了可靠的保障。因此，我们认为，区块链建立信任的方式，正是利用自身在技术上真实、透明、不可篡改的特性，实现信息的互通，消除信息的不对称。

另外，区块链对于信任的建立，也是区块链诸多价值的前提。下文中我们要阐述的区块链的其他价值，都是建立在基于"建立信任"这一价值的基础上的。

第二节 链接数据孤岛

数据孤岛，或者说信息孤岛，是指在数据化或信息化的过程中，出现的各单位间的数据和信息不能共通，相互脱节的现象。数据孤岛现象广泛存在，小到一个企业的不同部门，大到世界上的不同国家之间。数据孤岛现象阻碍着共享与合作，产生了大量的沟通和协作成本，降低了效率。

一 数据孤岛产生的原因

为了阐述区块链如何在链接数据孤岛这一问题上体现价值，有必要首先理解数据孤岛产生的原因。数据孤岛的产生是一个复杂的、带有大量历史遗留问题的过程，总体上我们认为，数据孤岛的产生主要可以归结为以下三个原因。

1. 技术原因

众所周知，互联网的发展并非一步到位，而是有着漫长的过程。同样，企业、政府机构、各类组织，它们的信息化过程也是在一个相当长的过程中逐渐形成的。在这个漫长的过程中，各种政治因素、历史因素、区域因素、人为因素，都会使得即使是同一国家甚至同一地区的信息化产生技术上的差异：采用不同的开发方式、数据标准、统计口径等。久而久之，不同的信息系统之间，技术鸿沟越来越大。

当然，随着技术的发展和标准的统一，新建的系统可以采用统一的标准来进行建设，但是已有的系统却可能因为更改成本高、缺乏动力等原因，仍然保持原有状态。但总的来说，技术原因是数据孤岛产生原因中相对容易解决的一个。随着信息化系统的不断更新与迭代，即使没有其他方法的介入，因为技术原因所产生的数据孤岛现象也会得到不断的改善。

2. 数据安全性原因

随着技术的发展，人类的各项活动所产生的数据越来越多。这些数据可能与人们的隐私息息相关，甚至影响到国家安全。于是，也必定有不法分子希望通过获取相关数据，从而为自己牟利。为了防止这样的情况发生，降低相关数据被窃取的概率，相关企业、组织、政府机构会阻止这些数据的流动。

例如，《中华人民共和国网络安全法》第三章第三十一条规定："国家对公共通信和信息服务、能源、交通、水利、金融、公共服务、电子政务等重要行业和领域，以及其他一旦遭到破坏、丧失功能或者数据泄露，可能严重危害国家安全、国计民生、公共利益的关键信息基础设施，在网络安全等级保护制度的基础上，实行重点保护。关键信息基础设施的具体范围和安全保护办法由国务院制定。"

这样的规定显然是有充分的合理性和必要性的，但在客观上，也会造成数据孤岛的形成。

3. 商业原因

对于多数敏感性不是很高的数据来说，数据孤岛的形成往往就是因为商业原因。如今，数据的商业价值越来越高，数据也愈发为企业所重视。因此在同一行业的不同企业之间，出于商业原因的数据孤岛普遍存在。如果企业将自己的数据与其他企业共享，则需要面临数据泄露的可能性，从而面临商业上的巨大风险。这种风险让企业不得不放弃与其他企业共享数据所带来的合作机会与互惠互利，选择将数据放进企业的黑匣子中。

以银行业为例，银行间黑名单的建立和数据共享一直是一个难点。实施难度往往不在于技术本身，而是中间可能存在的商业风险。例如A银行和B银行之间，如果两家银行合作建立这种黑名单模型和数据库，必然要求一方将生产环境的用户数据分享给另外一方。但是很显然，两家银行很有可能在某一领域存在一定的竞争，银行用户数据共享的担忧和商业风险无法消除，双方必然产生"对方共享给我的数据存在虚假或不全""我共享给对方的数据会被对方窃取"的担忧。而用户数据的隐私和数据涉及商业秘密的统计指标往往无法通过简单的脱敏手段保护，这就造成了数据孤岛的形成和保持。

二　数据孤岛的解决思路

首先我们必须要说的是，某个具体的数据孤岛，其产生原因往往不是我们上述的其中一种，而是两种甚至三种的组合。在此，我们所讨论的解决思路是分别针对三种原因的单一解决思路，而在解决实际数据孤岛案例的过程中，需要我们通过多种解决思路同时进行思考，并不是简单地一一对应。

1. 第三方力量推动

对于技术类的数据孤岛来说，以如今的技术水平，阻碍数据连通的最大困难并非技术本身，而是缺乏改变的动力，因为改变自己多年的数据标准、技术标准，需要付出时间成本和资金成本。以组织A和组织B来说，如果它们分别使用不同的技术标准，那么能够促使组织A改变自身标准的情况，可能是组织B在链条里处于绝对强势的地位，从而要求A改变自身的标准。

然而在实际情况中，还存在大量A、B之间没有悬殊差异，或者即使悬殊，B也并未要求A改变自身标准的情况。例如在贸易中，就存在大量由于数据标准不同，从而不得不在不同环节之间使用人力和纸质文件来传递数据的情况，浪费了大量人员和时间成本。

尽管这些浪费的成本是长期产生的，但就一个短期窗口来看，这部分成本相对于完全更换自身数据和技术标准来说，数量仍然不大，因此也就使得组织自身更换数据和技术标准的意愿不强。虽然这一现象会随着时间而逐渐改善，但是如果想要加快这一进程，第三方力量的推动是必要的。这种第三方推动力量可能包括政府的行政命令、行业协会和联盟的倡导、新技术的广泛应用等等。

2. 建立多方可信体系

数据安全类孤岛和商业类孤岛的性质较为接近，都是为了防止数据泄露而限制数据流动。由于数据与实物不同，前者具有可复制性，这也就决定了在流动过程中，数据比实物有更大的可能性产生泄露。在跟踪实物时，我们可以监控实物本身，但数据可以产生副本，即使监控数据原本，也无法控制数据的泄露。

因此，这两类数据孤岛的解决思路实际上是需要一个多方可信体系。这个体系可以担当起数据监控的功能，防止数据被复制、窃取；同时，又能够避免数据通过这个多方可信体系自身产生泄露的可能性。

在实际操作中，建立这样的多方可信体系是非常困难的。由于数据流动的每个环节都可能产生泄露，由个人或者个人形成的组织都面临较大的内部风险，无法很好地承担这个多方可信体系的职能。2012年，公安部在接受新华社采访时就表示，部分国家机关、企事业单位、服务机构中的工作人员是泄露信息的源头。直至近两年，监守自盗仍是公民个人信息泄露的主要渠道之一，对于内部人员盗取、贩卖数据的防范仍是重中之重。

可见，传统方式很难扮演好多方可信体系的角色，而随着数据的价值和重要性越来越高，各方对数据的安全性愈发重视，多方可信体系的建立将会越来越困难。

三　区块链如何链接数据孤岛

区块链解决数据孤岛问题，正是从建立多方可信体系入手。区块链作为一门具有不可篡改特性的技术，能够避免人为意志的影响和操纵，成为绝对可靠的可信体系。一方面，通过区块链技术来监控数据的流动，任何一方都不能私自对数据进行访问，合作方均可以不暴露数据就达成数据共享；另一方面，运用智能合约的特性，通过自动化执行程序完成合作所需要的业务要求，做到数据"可用不可见"，各合作方既无须暴露数据，又可以实现数据共享，还能够防止数据泄露。

以银行间征信的共享为例，可以通过区块链技术，建设一个联盟链系统，并把各个银行的征信信息和相关用户数据记录上链。通过标准化的数据上链过程，可以避免泄露银行和更多用户的敏感信息，也可以防止虚假数据。

同时，将过程写入智能合约，通过智能合约的自动执行，保证所有的输入数据和输出数据之间的自动化和合约化执行，即可在不需要任何一方或是第三方占有完全主导权的前提下，完成对业务建立的共识过程。

例如，某用户向银行A申请贷款，而银行A需要判断该用户的征信状况是否符合自身的放贷标准。该用户以前没有在银行A办理过业务，因此银行A不清楚其征信状况，于是银行A通过联盟链查询数据。这时，该联盟链系统会根据银行B上传的该用户历史征信数据，通过智能合约自动进行计算，最后输出该用户是否符合银行A放贷要求的结果。在这个过程中，银行A对于该用户的具体信息仍然一无所知，银行B的数据没有泄露给银行A，而各银行之间数据共享的目的却已经达到了。另外，通过该区块链系统，银行A只能查询个体信息，而无法接触整体信息，而数据产生价值是需要规模的，一条数据在一般情况下是毫无价值的。

从上面的例子中我们可以看到区块链技术在不暴露数据的情况下完成数据共享的整个过程。在实际操作中，针对不同的业务细节，可以有更多的实操方法。另外，随着区块链技术在数据链接方面的广泛应用，还可以起到"第三方推动力量"的作用。当大量的企业和组织都开始使用区块链技术来打通数据孤岛，这必然促使其他的企业和组织也加入到数据互通的行列中来。

当然，我们还需要注意的问题是，区块链技术链接数据孤岛的过程也不是一蹴而就的。目前，区块链技术还处于发展的早期，不同的区块链之间也是相对封闭的。这就造成了一个后果：那就是数据孤岛的消灭不彻底。针对这一点，中国人民银行数字货币研究所副所长狄刚曾经表示："当前区块链项目都是独立封闭体系，彼此无法连通，旧的孤岛消失了，又产生了新的孤岛。"

对此，我们应该这样来看：一方面，尽管区块链技术不能马上消除数据孤岛现象，但是其程度减轻了，即使区块链与区块链之间互通还比较困难，但是至少在同一个区块链系统内的数据被打通了，这就已经产生了质变；另一方面，区块链技术还在不断地完善之中，跨链技术也正在逐步发展，将来必定可以打破不同区块链系统之间的隔阂，这也是为什么狄刚强调，区块链目前缺乏公认的技术标准及跨链解决方案，需要在跨链技术上取得突破的原因。

第三节　让一切变得简单

在一个企业、组织或者机构的事务流程中，虽然具体细节会根据主体的不同和事务的不同而天差地别，但往往都可以从横向以及纵向对其环节进行拆分。在拆分的过程中，我们可以看到，许多流程或者环节，实际上是重复或者不必要的。但是由于种种客观原因，这些流程或环节并不能被优化。而区块链技术为优化这些流程或环节提供了可能性和可操作性，这就是区块链技术的另一个价值：简化流程，让一切变得简单。

这一价值是建立在前文所述的链接数据的基础上的。一方面，我们先对流程进行横向拆分，根据参与这个流程的不同要素，可以将某个流程拆分为资金流、信息流、票据流、货物流等等，具体的情况因具体事务而不同。但是，信息流的存在却是不同事务流程中都会存在的，而区块链技术对流程的简化也往往是从信息流入手的。

在简化流程方面，区块链所起到的基本作用，就是通过数据共享，让流程的各参与方能够快速、便捷、低成本地获取、同步信息，从而免去为了获取、同步信息所需要付出的成本。以电商购物为例，这个流程中的主要参与主体包括消费者、商家、电商平台、物流企业，另外还可能涉及监管部门、保险机构等等。过往，信息在这些不同的主体之间流动，需要耗费大量的成本，如记载信息的单据，需要在货主、总包商、承运人、司机、收货人之间串联式流动，在每一个环节都可能出现问题，从而在信息流中产生不必要的环节。在区块链技术介入之后，单据流在各参与主体之间分布式传递，直接完成共享，从而无须环节与环节之间的确认、核实等步骤，简化了流程；同时，在信息流得到简化之后，其他流程例如资金流等也可以得到相应的简化。

另外，如果我们从纵向拆分入手，可以将不同的环节大致分为两类：一类是事实型环节，指的是推进事务本身的环节；另一类是监督型环节，这类环节本身并不推动事务的进行，而是对事实型环节进行监督，防止其中出现错误、腐败、内部风险等。而当区块链技术介入，信息的统一性和不可篡改性得到保证，部分监督型环节就失去了存在的必要性，可以被简化。

以上我们从两个角度分析了区块链技术如何在简化流程中起到作用，而在实际过程中，这两个角度是同时推进，相辅相成，并且根据实际情况不断变化的。目前，区块链技术在简化流程方面的应用在政务服务领域最为广泛，我们将在后续的章节中对此进行详细阐述。

第四节 下一代合作机制与组织形式

在建立信任的基础上，区块链技术起到了链接数据和简化流程两大作用。而从更深层次的影响来看，建立下一代合作机制与组织形式，这一目标虽然更远、更加难以达成，却是区块链技术所带来的价值中，影响更为深远的一个。

一 区块链是一门改善生产关系的技术

我们发现一个有趣的事实：在历史上，技术发展的核心往往是提升生产力的。从石器、青铜器、铁器，到蒸汽机、电力、互联网，这些技术的出现，都直接提升了人类的生产力，然后生产力的提升再决定生产关系。然而，区块链这一技术却不同，区块链直接作用于生产关系。

我们知道，生产关系包含三要素：生产资料所有制（人与物的关系），人们在生产过程中的地位和相互关系（人与人的关系），产品分配方式（人与产品的关系）。区块链技术对于生产关系的影响，主要以后两项为主。

1. 人与人之间的协作关系

在一个区块链网络中，每一个节点都可以参与到该生态网络的建设与治理中来。在过去的历史中，为了保障每一个个体的权利，人类进行了漫长的革命与斗争。而在区块链系统中，这样的权利是通过不可篡改的规则来进行保障的。当然，这并不是说区块链可以一步到位把人类社会变成大同世界，这一愿景仍然是需要通过循序渐进并且旷日持久的努力来实现的。不过，区块链技术仍然为人与人之间的协作带来了一个全新的可能性。

由于区块链是一个去中心化的网络，所以节点之间的协作不再需要通过中心化的方式来完成。比特币的长期稳定运行告诉我们，这样一个新型的协作关系所构成的组织是能够顺利运行的。即使事物的发展需要一个过程，区块链也已经带给我们一种新的协作关系。

2. 更合理的分配方式

区块链并没有带来一种新的分配方式，而是使现有的按劳分配方式能够更合理、更彻底地得到执行。如何衡量个体的劳动贡献，向来就是一件非常困难的事情，所以在生产生活中，我们往往会遇到"多劳者不能多得"的状况。实际上，由于趋利避害的生物本能，每个人都或多或少有着不劳而获的欲望，而在人类漫长的发展史上，我们通过教育、法律、道德、制度和自我修养等工具，克服着自己的生物本能。

区块链也是一种新的工具，它将生产所产生的价值与节点进行绑定。这种绑定手段可能是通证，也可能是智能合约。由于带有不可篡改性，它一方面可以避免因为人为因素所带来的不公正现象，另一方面利用通证的高度流通性和统一性，对各种价值进行衡量。

总的来说，在上面两点中，区块链对于生产关系的影响，仍以对于人与人之间的协作关系最为关键。一个更合理的分配方式，也有助于建立一个更高效的协作关系。

二　区块链建立新的协作关系

　　我们仍以银行业为例，与传统系统依靠第三方或者行业寡头建立信任不同，所有参与联盟链的银行都在宣告主权。主权即为所属权和话语权，数据虽然共享，但数据的所属权永远属于数据的拥有者，同时行业中每个实体的加入与退出都可以通过不同主体之间的投票，在链上完成治理过程，避免了某一方或寡头的垄断，构成了一个新型的分布式商业体系。

　　同时基于合约，如果不是大部分银行节点都同意模型算法修改、数据采集和版本更新，那么就不存在传统中心化系统拥有者的随意操作和篡改系统的风险。对于银行系统来说，这无疑极大地推进了行业业务流程优化；同时，在某些业务领域做得非常出色的中小银行，被赋予了更多的行业联盟参与机会和能力；通过联盟的形式，传统强势银行的行业影响力也得以扩张。

　　我们可以看到，在这种新的协作关系下，中小节点可以发挥出更大的价值，同时对整个系统产生积极的促进作用。

　　这种新型协作关系会造成多大的影响？我们可以从历史中窥见一斑。在历史上，协作关系影响整个经济社会的例子，最为深远的一例即为股份制。股份制的出现使得经营权和所有权分离，这种新的组织形式使得全球商业规模以前所未有的速度发展，最终形成了今天的全球经济形态。而今天，区块链技术解决了信任问题，从而带来了新的合作机制和组织形式的无限可能性。

　　关于这一点，人民网"人民时评"题为《区块链，换道超车的突破口》的文章中也有类似的叙述。文章认为："从更大视野来看，人类能够发展出现代文明，是因为实现了大规模人群之间的有效合作。市场经济'看不见的手'，也是通过市场机制实现了人类社会的分工协作。在此基础上，区块链技术将极大拓展人类协作的广度和深度。也许，区块链不只是下一代互联网技术，更是下一代合作机制和组织形式。"

3

第三章

链改：区块链与产业的结合

　　本章我们将站在一个宏观的视角，对"链改"这个概念做出全面阐述。链改，即区块链改革或区块链改造，是指将区块链技术和区块链思维运用于产业创新及实体经济，对企业或其他组织的商业模式、业务流程、协作方式等进行改革或改造，实现获取商业成果或者达到组织核心目标的过程。从"链改"这个词出发，我们将看到，区块链技术将以一种什么样的方式融入经济社会生活，并最终影响产业，影响经济，影响我们所生活的世界。

● ● ● ● ● 第一节　链改的起源和发展 ● ● ● ● ●

　　本书第一章，我们把2008年11月中本聪发表的著名论文作为区块链技术历史的开端，而相比于区块链，链改的历史要短一些。为了从全景出发，有层次地理解链改的历史，我们将链改的发展历史分为三个阶段：萌芽时期、成长时期、高速发展时期。

　　下面我们将对这三个阶段进行详细阐述。但首先需要说明的是，"是否运用到产业创新及实体经济"是链改的一个重要判断标准，但该标准并没有百分之百的界限。不少早期区块链项目的出发愿景与实际路线更是存在较大差别，很难简单对其进行判定。因此，本节所划分的阶段，并不精确到具体的时间点，而是以一个大概的时间区间进行划分。

一　萌芽时期（2014—2015）

在比特币诞生以后的数年间，区块链技术发展缓慢，比特币是第一个也是唯一一个有影响力的应用。比特币本身定位于"点对点的现金支付系统"，和实体经济并无直接关系，加之自身体量微小，对于金融市场的影响几乎可以忽略不计。一些早期的其他数字货币，如瑞波币、莱特币等，与比特币的性质非常接近，也同样无法将其用于链改。

更加重要的是，比特币不具备图灵完备性，无法使用智能合约，也不能进行再开发，人们无法在比特币上建立应用。即使到今天，比特币也更多被当作避险资产或者投资渠道，无法承担链改的功能。

相较于比特币，在链改的发展史上，以太坊显然占据了更为重要的位置。以太坊在筹备之初，其目的就是要建立一个全球范围内的分布式计算机，开发者可以在这个系统上自由地开发应用，并在以太坊这个生态中生存发展。从某种角度来说，以太坊就相当于安卓或者IOS（苹果公司开发的移动操作系统），为开发者提供了广阔的空间，也为区块链技术与产业创新和实体经济结合提供了可能性。

事实上，Vitalik Buterin 创立以太坊的一个目的，正是希望对现实世界的中心化系统进行改造。2010 年，Vitalik Buterin 最爱的一款游戏《魔兽世界》中的角色古尔丹的"生命虹吸"技能被游戏发行商暴雪娱乐取消。Vitalik Buterin 多次与暴雪沟通无果，后来在了解到比特币之后，才希望能通过去中心化的方式来改造类似于《魔兽世界》这样的中心化系统，而这正是链改所希望做到的。

以太坊的白皮书写于 2013 年年底，该项目于 2014 年进行众筹，并于 2015 年 7 月正式上线主网。可以说，以太坊的出现为链改提供了必需的平台，链改的早期发展与以太坊息息相关。甚至直到今天，以太坊仍然是链改实操中经常用到的区块链底层平台和技术。

另外，萌芽时期还有一个重要事件，那就是2015年，联盟链的概念开始兴起，R3联盟、Hyperledger等均在这一年成立。联盟链的出现为区块链的小范围实践提供了更好的可操作性，成了日后链改发展的重要工具。而在这个阶段，一些国际和国内巨头也纷纷开始入局区块链，如微软、腾讯、百度等，巨头的入场将使区块链的实际应用速度大大加快。

当然，在这个阶段，"链改"这个概念还没有出现，但是已经有区块链项目开始应用于实体经济，例如2015年的区块链微电网项目 TransActive Grid。链改由此开始萌芽。

二 成长时期（2016—2019）

以太坊主网上线，联盟链兴起，巨头入场，这些无一例外为链改的发展提供了必备的技术条件和资本条件。但是此时，对于链改来说，产业环境还并未成熟。

从2016年开始，区块链行业的发展开始加速。相较于2015年之前的缓慢增长，2016年之后，无论是区块链公司数量、区块链专利数量、区块链投融资总额，都出现了明显的，甚至几十上百倍的增长。同样地，区块链项目的数量也开始激增。然而，这些区块链项目中的大部分并不符合我们对于"链改"项目的定义。由于比特币价格的持续走高，带动整个数字货币市场直线上扬，随之而来的是大量的ICO（首次代币发行）项目。这些ICO项目虽然各有各的故事，但是真正能落到实地的非常少，大多是借着数字货币的上涨潮发行的"空气币"。这些ICO项目严重影响了产业环境，使得需要与产业创新和实体经济相关的链改项目没有足够的发展空间。因此，从2016年到2017年上半年，区块链项目数量虽然呈爆炸式增长，但是链改的发展速度仍然较为有限。

2017年9月，中国人民银行等七部委联合发布了《关于防范代币发行融资风险的公告》，明令禁止ICO，这才使得上述现象在之后的半年内逐渐得到抑制。从2018年开始，"空气币"逐渐退潮，数字货币价格也逐渐回落，行业逐渐开始变得理性，这为链改的进一步发展创造了产业环境上的条件，链改项目数量开始逐渐增多。

2018年8月5日，由中国通信工业协会区块链专业委员会指导，全球区块链教育人才节点联盟主办的"链共识·区块链赋能实体经济"第四届中国区块链产业交流峰会在北京召开。在这次会议上，中国通信工业协会区块链专业委员会主任王军现场对外发布了"区块链改革行动"（简称链改）计划，并向现场嘉宾发放了链改计划书。这是"链改"一词首次出现在公众面前，也是链改经过数年发展，终于被确定了正式名称。

但是，在这个时期，虽然链改确定了其正式名称，但是并未进入高速发展期。究其原因，一方面，2018年是"公链元年"，整个产业仍旧聚焦于公链，联盟链并未得到足够重视，而公链的性能难以支撑区块链的大规模商用，区块链技术应用于产业创新和实体经济受限；另一方面，国家对于区块链的政策尚未十分明确，在链改方面，诸多企业和机构还存在一定顾虑。因此，链改的进一步发展，还要等待下一个时期的到来。

三　高速发展时期（2019年至今）

从2019年开始，链改逐渐进入了高速发展时期。加速链改发展的因素主要有两个。

一是公链行业的衰退。2018年，公链行业蓬勃发展，但是由于公链的场景很难寻找到其目标用户，加上大量公链只是借着"币市"牛市的东风，想要谋取经济利益，导致项目本身质量参差不齐。2019年，公链行业的隐忧逐渐浮现，团队解散、高管出走等事件频频发生。不仅仅是质量不高的公链项目难以生存，即使是像AELF这样的高技术含量公链也生存困难，而EOS、TRON、ETH这些头部公链虽然远没到生死攸关的地步，但仍然面临了各种各样的问题。

在公链发展不顺的大环境下，联盟链反而开始受到人们的重视。加上"币市"熊市的到来，迫使行业开始褪去非理性的狂热，更加重视区块链技术的实际应用。而此时，联盟链提供了一个很好的应用场景，那就是链改。

二是国家政策的鼓励。虽然近些年国家一直有相关政策出台，但是毫无疑问，是2019年的"10·24集体学习"将区块链技术上升到了国家战略，明确为区块链技术指出了与产业创新和实体经济相结合的道路。习近平总书记的讲话无疑将链改确定为了区块链技术发展的直接方向，其针对性和影响力都是前所未有的。这一方面让链改得以在此之后大大加快了发展速度，另一方面也让政务服务成为链改中最热门的应用场景。

显然，在公链性能还不足以支持大规模商用之前，通过联盟链的方式进行链改，是最佳的途径；而以公链为基础的链改，还需要区块链技术的进一步发展作为支撑。

第二节　链改：将区块链的价值落到企业实际

我们在前面阐述了区块链的价值，但是这些价值是由区块链的基本特性和技术细节所派生的，属于基础科学。要让这些价值落到企业实际，变成应用科学，仍然需要一个工具和手段，而链改的目的就是将区块链技术用于产业创新和实体经济。

一　链改怎样将价值落到企业实际

要解答这个问题，首先我们就要考虑，区块链的价值落到企业实际中，具体产生的是怎样的作用？

首先，我们要考虑企业和机构的核心目标是什么。当然，对于企业和部分机构来说，其核心目标当然是盈利；但是对于很多机构来说，其核心目标却是其他，例如，政府部门的核心目标是维持国家机器的正常、高效运转，研究机构的核心目标是取得科研成果，等等。那么，对于不同核心目标的企业和机构，链改落实到其实际活动中的价值也是有所不同的。

对于企业和盈利机构来说，链改主要体现出以下价值。

一是直接降低成本。当然，链改起到直接降低成本的作用，方法也有多种，较为常见的如简化流程，这一点我们在第二章中已经有过详细的阐述。区块链由于能够快速建立信任，因此可以省去大量不必要的中间环节和风控环节，从而节省出这些环节所需的成本。通过链改，企业可以让自己的生产经营流程变得更加简洁，从而达到直接降低成本的目的。当然，链改还能从其他角度直接降低成本，比如食品企业通过区块链进行溯源，规范管理，不仅降低了管理成本，也降低了因为食品安全事故而造成的相关成本。

二是直接增加收入。链改增加企业收入，主要通过区块链生态增强宣传来实现。例如，纳入区块链溯源系统的食品等产品，由于质量安全保障高于其他产品，具有得天独厚的宣传点。另外，在收入部分，链改还有非常重要的一个方面，这个方面与通证相关，我们将在第四章单独讨论这个问题，此处不再赘述。

三是构建行业甚至跨行业生态。上面所说的，都是只要单一企业和盈利机构进行链改，马上就能实现的价值，但是如果行业内供应链上，乃至整个商业环境中的企业和盈利机构都进行链改，所实现的价值是远远大于前两者的。例如，如果你的上游企业通过链改降低了成本，增加了收入，那么从上游企业那里采购原材料，你是不是也能获得更优的价格？或者通过基于区块链的交易平台，你能接触到更多的上游企业，那么是不是也能够从中挑选出更优的供应商？同样，当你能接触到更多的下游企业，是不是也能将产品卖出更优的价格？

这其中蕴含的可能性和价值，远远大于上面所讲的直接降低成本和直接增加收入，不过这些价值是单一企业或盈利机构进行链改所不能达到的。这也是国家为什么要将区块链上升为战略的原因。因为只有区块链在产业中广泛应用，链改的价值才能充分发挥，否则区块链起到的作用将会是非常有限的。

其次，对于非营利机构，由于核心目标各不相同，在此简单以"提高效率"概括。无论机构的核心目标是什么，提高效率都有助于核心目标的实现。以政务服务为例，区块链简化办事流程，缩短办事周期，这无疑对实现"为人民服务"的核心目标起到了巨大的作用。

当然，像这样进行抽象的阐述，对于链改所起到的实际价值，理解上仍然不够具体和深入。为此，我们在第五章准备对各行各业进行大量的、具体的链改行业分析，读者可以结合实例，充分理解链改所带来的价值。

二　企业应该如何进行链改

那么，既然链改能够为企业带来如此巨大的价值，企业应该如何进行链改呢？对于大部分企业来说，自身对于区块链的了解相当有限，因此还是需要通过专业的链改服务商来进行。不过，企业如果按照一套科学的流程来进行操作，仍然可以起到事半功倍的作用。

首先，我们在第二章中讲了区块链的价值，那么企业可以参考第二章的内容，评估自身是否需要这些价值：企业是否需要建立信任？是否需要解决数据孤岛问题？是否需要简化流程？是否需要优化协作关系？

其次，我们在上一小节中讲了链改的价值落地，那么企业可以参考这部分内容，看看链改是否可以将区块链的价值落到自身实际。不过，由于企业各自所处行业不同，上一小节的描述较为抽象。另外，链改应用目前在各个行业的成熟度各不相同，因此企业还可以参考后续第五章的内容，再确定链改是否能在自己企业内部得到很好的应用。

在经过以上的步骤之后，企业就可以对自身与区块链的结合有一个大概的认识。如果企业认可区块链链改对自身起到的作用，那么就可以考虑进一步进入实操环节。不过，无论企业是有实力通过自身力量进行链改，还是要与链改服务商进行合作，都需要注意以下问题。

第一，对于企业自身来说，链改的最终目的是改善企业的经营状况，提升企业的商业成果价值。因此链改不是一个单纯的技术开发行为，企业不仅仅要考量技术能力，也要考量搭建的这套区块链系统是否能够很好地运用于商业实战。

第二，系统不仅要区块链化，也要易用。在区块链技术本身门槛较高的情况下，搭建的系统是否能够让企业易于使用，不用花费过高的学习成本，会非常重要；而对于2C（面向消费者）的企业来说，这套系统涉及C端（用户端）的部分又是否能够让消费者零门槛使用，就显得更加重要了。

4

第四章

三位一体的通证经济学

在链改的过程中，有一个非常重要的概念，那就是通证。在区块链的发展史上，通证起到了极其重要的作用，今后也必将继续作为区块链技术的重要组成部分而存在。然而，关于通证的准确定义，以及与其他类似概念的区别，至今仍然莫衷一是。什么是通证？构建在通证基础上的经济生态是什么样的？通证在链改中起到什么样的作用？本章将详细阐述这些与通证相关的问题。

●●●● 第一节 通证基础：通、证、值 ●●●●

"通证"这个概念是从网络信息术语中延伸出的。通证是由网络信息术语"Token"结合谐音和表意翻译而来，意为代表执行某些操作的权利的对象，可以理解为一种身份的识别证明。因此，"通证"一词本身和区块链并无绝对的关系。本书所讨论的"通证"，仅限于区块链技术范围内的通证，所有讨论背景均局限在区块链技术的背景下。

一 通证的定义

长久以来，关于英文"Token"和"Coin"，中文"通证"和"代币"的关系，众说纷纭。不过，关于通证的概念，各家说法却差别不大。一般认为，"通证"应该从以下三个方面进行理解：

首先是"通"，意为可流通；

其次是"证"，意为能够成为证明；

最后是"值"，即所证明的东西是有价值的。

因此，基于以上三个方面，我们认为，通证，是指基于区块链技术的，可流通的加密数字权益证明。

对此，我们一一进行分析。

首先，可流通是通证的基本属性。这里的可流通可能是全局流通，也可能是局部流通，但一定是可流通的，而且可流通性越强，通证属性越强。如果不能流通，通证将丧失其大部分功能，失去意义。

其次，通证一定代表某种权益，具有某种价值。这个很容易理解，如果没有价值，没有人会愿意参与。

最后，通证一定是基于区块链技术的。因为这是通证作为"有效证明"的保障，也是通证和其他权益证明的基本区别，即通证是去中心化的，通证所代表的权益由不可篡改的区块链来进行保障，而非通过第三方信用。

"通""证""值"三者缺一不可，如果没有"通"，通证就是一潭死水；如果没有"证"，通证就是一张废纸；如果没有"值"，通证就毫无价值。

二 通证和相似权益证明的区别

这个世界上当然不止通证一种权益证明。如果我们不太计较细节，那么法定货币、股权、积分等等，这些都可以被称作权益证明。那么这些权益证明和通证有什么区别呢？甚至"Coin"，中文翻译成代币，或者数字货币，这与通证是不是也是一回事呢？

其实我们在上面的内容中已经定义了通证的三个维度，从这三个维度中我们可以清晰地发现通证与其他权益证明的区别所在。

1. 流通性不同

我们知道通证一定是可以流通的，那其他权益证明呢？法币当然是可以流通的；但是股权不一定，要看具体情况，有诸多限制因素；而积分一般是不能进行流通的。

2. 发行方式不同

通证是去中心化发行，而法币、股权、积分等都是中心化发行。

3. 权益强度不同

通证的权益多种多样，包括价值型、权利型、权益型等等。法币的权益主要就是进行消费；股权的权益包括收益权、投票权等；而积分的权益最弱，也最没有保障。如表4-1所示为几种通证的区别对比。

表4-1　几种通证的区别对比

权益证明	通证	法币	股权	积分
流通性	强	强	中	弱
发行方式	去中心化	中心化	中心化	中心化
权益类型	价值载体 收益权 权利等	消费	收益权 投票权等	一般为兑换商品或抵扣消费
权益强度	强	强	强	弱

而通证和代币究竟有什么区别呢？

一种观点认为，代币指的是在公链上发行的数字货币，而通证则是在已有区块链的基础上发行的。但我们认为，没有必要强行将通证和代币进行区分，虽然"通证"一词确实能够更好地反映其内涵，但是我们只需要抓住前面所说的通证的三个维度，就可以判断某个代币是否可以被称为通证了。一般来说，如果某个代币是基于区块链技术开发的，那么这个代币符合通证定义的可能性是比较高的，因此"通证"和"代币"两个概念是有一定的重合度的。

三 通证的分类

从不同的角度，我们可以有通证的多种分类方法。但是，本书更着重于从企业的角度出发来看待问题。基于此，此处我们主要讲解两个维度的通证分类。

第一个维度是通证所代表的权益类型。基于通证所代表的不同的权益类型，企业可以对通证进行不同方向的应用。不过，由于通证还处在发展的早期，很多权益类型还有待开发，目前我们主要将通证分为以下几类。

1. 价值型通证

这类通证的权益是基于某种价值的。这种价值可能是多种多样的，可能直接对应法币，也可能对应某个著名画家所画名画的一部分，等等。

2. 权利型通证

这类通证的权益基于某种权利。比如大麦网曾经发行张信哲演唱会的区块链门票，拥有门票就可以去看演唱会，这张区块链门票就是权利型通证。

3. 收益型通证

持有此类通证，就可以享受通证带来的收益，包括分红和价格涨跌等等。目前，这类通证最为常见，例如比特币就属于这类通证。

上述三种通证其实只是最为常见的三种，通证的权益种类非常多，存在的可能性也很大。

另一种分类方式，则是按照通证是否可替代、可分割，将其分为可替代通证和不可替代通证（Non-Fungible Token，NFT）。

顾名思义，如果一种通证可以相互替代，并进行持续分割，那么这种通证就是可替代通证。例如比特币，你的一个比特币和我的一个比特币之间是没有任何区别的，可以相互替代，而且可以持续分割到最小单位

"聪"，所以比特币就是可替代通证。

而上文曾经提到的区块链门票就是不可替代通证。你的门票可能是A区的，我的是B区的，没法相互替代，而且一张门票也不能进行分割，因此区块链门票就是不可替代通证。

由于可替代通证和不可替代通证在性质上有着非常明显的区别，企业在对通证进行应用的时候，是需要采取有明显区别的策略的，这一点我们将在之后的章节中进行详细分析。

第二节　通证经济图景

通证并不是孤立地存在的，而是在一个经济系统和生态系统中运行的。而如何构建这个经济系统和生态系统，就是通证经济学的内容。

一　通证生态的基本要素

我们认为，构成一个通证生态的基本要素有如下三个。

1. 通证自身

通证的价值在哪里？通证的细节如何设计？这些不仅仅会影响到通证自身，还会影响整个通证生态。

2. 用户

任何生态都需要有用户才能运行，通证生态也不例外。用户的数量越多，通证生态越大；用户将会组成社区，共同参与生态治理。

3. 项目方

尽管通证是以去中心化的方式发行的，但并不意味着通证生态是100%去中心化的，项目方在其中，尤其在项目启动的初期仍然对整个生态有着至关重要的影响。

在这些要素的基础上，进行通证生态建设需要考虑很多问题，例如：

（1）通证核心价值，即用户为什么要持有或者交易你的通证？

（2）通证用途设计，即基于通证的核心价值，通证具体能干什么，用户能获得什么权利？

（3）怎么通过合理的分配方式激励用户为生态做贡献？

（4）怎么让社区更繁荣？

（5）如何设计通证的初始数量和初始分配方式？

（6）通证如何产生、消耗和销毁？

在这诸多的问题之中，有两个问题是最为关键的。我们在前面提到过，区块链是一门改变人与人之间关系的技术，因此，除了以上基本要素外，要素之间的关系也会影响整个生态。如果我们把每个通证生态都类比为一个小型的社会，我们就会发现，通证生态的发展和社会形态的发展一样，都是由生产力和生产关系所共同驱动的。而代表通证生态的生产力和生产方式的，正是通证的核心价值和价值分配方式。

二　通证生产力：核心价值

如果把通证生态比作一个社会，那么通证的核心价值就是这个社会的生产力，它直接决定着社会的发展。其实不仅仅是通证，任何权益证明想要持续，都必须要有一个可以经历考验的、可持续的底层价值。

以上文的NFT演唱会门票为例，该通证的底层价值就是观看演唱会的权利。这个价值支撑了通证的价格，让通证可以顺畅地流通。但是当演唱会结束之后，通证的价值就消失了，不会再有人愿意购买这个通证，那么这个通证生态也就死掉了。

当然，在实际操作中，这次演唱会只是生态的一部分，没有哪个相关方会只办一场演唱会就停止的，张信哲的演唱会结束了，今后还会有周杰伦的演唱会，等等。"观看演唱会"的核心价值是持续的，通证的价值也是持续的。甚至在这个价值生态之上，还可以建立多个通证，除了NFT门票之外，还可以发行可替代的通证，比如持有这个通证我就可以在购买NFT

门票的时候打折，那么也会有很多人愿意持有、交易这个通证。

可见，核心价值是整个生态的基石，无论项目方在此基础上进行什么样的细节改动，最终还是要依归到核心价值之上，就像金融始终要以实体经济为依托一样。而且，像生产力一样，这个核心价值也不是一成不变的，而是可以发展的，且其核心价值越强，能支撑起来的生态也就越繁荣。例如，如果现在这张NFT门票不仅可以看演唱会，演唱会结束后若观众在周边吃饭，拿着NFT门票还可以打折；又比如，观众拿着NFT门票还有专属的停车位，甚至下次还可以优先看一场歌剧：这就开发出了新的核心价值，相当于生产力得到了提升，这显然可以让整个生态得到进一步的发展。

因此我们在考察一个通证生态时，始终要重点考察其核心价值。这种价值不能光看路线图上的计划，也要看实际落地的脚步。如比特币的核心价值是"一种点对点的去中心化现金"，又如以太坊的核心价值是"全球范围内的分布式计算机"，这些核心价值都得到了实现。可见，企业在链改过程中，如果要发行通证，也要找到通证的核心价值所在。

三　通证生产关系：价值分配

通证核心价值解释了通证系统价值的来源，但是价值产生之后该如何进行分配，就可以说是通证生态的生产关系了。如果价值分配不合理，即使核心价值扎实，也会对整个通证生态造成巨大的伤害。

在进行详细讨论之前，我们可以先举一个通证之外的例子。德国足球甲级联赛有一个规则，就是俱乐部的投资方最多只能占有49%的决策权，而51%的决策权必须掌握在球迷代表手里，以抵挡资本和商业对足球纯粹性的侵蚀，这就叫作"50+1"政策。

这本来是一个挺好的政策，但是也存在价值分配上的问题。投资方为球队买球员，买球场，花了一大笔钱，最后却只有49%的决策权；部分球迷代表尸位素餐，甚至没有正经工作，却能靠俱乐部分红过活，这样不公平的分配方式，自然得不到青睐，这也是为什么大部分德甲球队规模发展缓慢的原因。这种政策的利弊究竟哪方更大，不同的人有不同的看法，但是价值分配方式对于生态的发展会起到重大作用，也是不争的事实。

谈到通证的分配，首先要探讨的是通证的首次发行，这也是通证在一个系统中的首次分配。首次分配的方式往往是项目方在白皮书中所决定的，多少由团队持有，多少用于宣传，多少分批释放，等等。而其中最为重要的，就是面对社区用户开放的通证分配规则，是按照什么规则空投给用户，还是需要用户通过"挖矿"来获取。

这里要详细讨论一下"挖矿"这种方式的通证分配，因为"挖矿"直接对应用户行为，而用户行为则会直接为生态产生贡献。在本书第一章中，我们曾经对区块链的共识机制进行了简单的介绍，而事实上，共识机制也是通证生态价值分配的法则，这也就是共识机制为何如此关键的原因。当然，共识机制除了要考虑价值分配的问题外，还要考虑其他的问题。例如，比特币的POW共识机制可谓价值分配非常公平，谁干的活多，获得奖励的机会就越大，但是算力带来的资源浪费和性能限制决定了POW难以大规模商用，于是渐渐被淘汰。POS则按照通证持有比例来分配，这无疑让大户躺着就能赚，而散户即使为生态做出贡献也得不到应有的回报，这样的分配方式显然是非常不利于生态发展的，所以后来才有了币龄的限制以及DPOS的修正。

DPOS将分配方式改成了投票制，这样显然更能够让贡献大的节点获得更多奖励，但是也牺牲了一部分去中心化。显然，共识机制是在"合理的分配方式"和性能、去中心化等其他因素之间寻找平衡的过程，怎样在不影响基础性能的情况下寻求最好的分配方式，来提升通证系统的生产关系，是共识机制的关键目标。

当然，在通证的首次分配过后，还会经历多个轮次的分配，例如二级市场上的交易的再分配、宏观调控（例如回购）等。这些分配方式市场因素较大，这里就不详细讨论了。

第三节　通证与企业

一　通证能够帮企业解决什么问题

要将通证运用于链改，首先要了解通证能够帮企业解决哪些问题，尤其是有哪些功能，是没有通证的链改所无法达到的。而通证所能起到的作用，实际上与通证自身的基础属性，以及通证生态的基础属性息息相关，这也是为什么我们要用两节内容来阐述通证的原因所在。

1. 流通性问题

流通性是通证的基本属性，而这也是通证给企业带来的一个重要价值，而且是无通证链改所不具备的。通证可以将高单价的、流通性差的产品，甚至无形的服务全部通证化，从而大幅度提高企业产品或者服务的流通性，拓宽产品或服务的受众范围，加快产品或服务的流转，从而为企业带来新的活力。

例如，艺术品交易市场历来是少数人的专利，由于艺术品成交单价非常高，一般人根本无法参与。但是如果将艺术品通证化，每个人都可以通过持有通证来购买艺术品的一部分，从而参与到艺术品投资中来，那么这无疑为艺术品市场拓展了一个全新的用户群体，带来了新的资金和发展空间。

如果说艺术品行业显得过于高端，我们还可以来看一个相对接地气的例子。现在有很多从事农牧行业的企业都开展了认养某种牲畜的项目，例如用户可以花钱认养一头黑猪或者牦牛，然后企业在农牧场将其养大，用户届时可以选择将牲畜屠宰获得肉制品，或者选择继续生养小猪或者小牛等。其实，这类认养也主要面向高端用户，毕竟一头特别品种的猪或者牛的价格也是比较高的。但是如果将猪或者牛通证化，那么消费能力差一些的消费者也可以通过通证来购买这些猪或者牛的一部分，使这类认养项目能够获得更大的盈利空间。

2. 权益生态问题

通证所能代表的权益是多种多样的，那么在这诸多的权益之中，权益所代表的商业生态也能够得到建立。

这里最有代表性的例子就是文旅行业。例如，某个景点的门票是基于NFT的通证，代表着游玩该景点的权益。此时，该通证还可以集成其他的权益，比如景点周边某餐厅就餐打折的权益，某酒店住宿停车免费的权益，等等。那么此时，该通证不仅集成了这些权益，还集成了权益背后的商业生态，提供了一个商业集群的效果：景点、餐厅、酒店的客流量其实达成了一定程度的共享，从而为多方创造了收益。

需要注意的是，通证并非这种方式的首创者，但却是这种方式的最强者。例如，积分也能达到这种效果。你在某社交平台的积分可以换取A商家和B商家的商品，这其实也是社交平台、A、B三者的权益集成。但是，积分一来无法进行交易、流动性为零，二来中心化发行、可拓展性差，所以大部分积分总是只能换少得可怜的几样东西，还经常缺货，最后都浪费掉了。而通证的权益集成不仅可拓展性强，生态丰富，自己不用的话还可以卖给别人，甚至还可以由智能合约驱动，达到自动化、智能化，非常方便快捷。因此通证对于消费者的吸引力远高于积分，所产生的宣传效果也要远强于后者。

3. 价值的精准分配问题

价值的精准分配问题其实是每一家企业都在追逐的目标。任何企业都肯定希望，将反馈给用户的价值准确地反馈给那些为企业做出了最大贡献的用户，以激励这些用户继续做出更大的贡献。就好比一个手机游戏发用户福利，肯定希望都发在那些花大价钱充值的用户身上，而不希望发给那些从来没给游戏贡献一分钱的玩家。

这其实也是用户精细化运营的直接目标。长久以来企业都在试图解决这个问题，比如拉新奖、活跃奖、VIP等级系统等，实际上都是在这方面的有益尝试。而通证，则为这个问题的解决带来了一个全新的思路。

通证实际上是将企业的价值与用户的利益进行了一次绑定。用户持有通证之后，通证的价值会直接影响用户的利益，从而使得用户和企业之间不再像以前那样在价值上是割裂的。以前，一款游戏停服了，玩家可能面临充值的钱拿不出来、游戏玩不了的情况；但是如果玩家持有游戏的通证，那么游戏的繁荣则意味着玩家也能随之受益。这样一来，玩家将主动为企业做出贡献，这种贡献不仅仅在于消费，还可能在于宣传或其他多种形式的贡献，而通证的存在，将会为这种贡献度做出天然的精准匹配。

二 通证为企业带来了什么

通过以上分析，我们可以看出，通证通过为企业解决上述问题，为企业带来了大量商业上的实际成果。这些成果归纳起来，主要有以下三个方面。

1. 宣传推广

一方面，通证增强了企业产品或服务的流通性，拓展了新的用户群体，实际上就相当于在新的用户群体中进行了大面积的推广；同时，通证解决了权益生态问题，实际上也是在权益背后的各家企业中进行了联合推广。另一方面，通证还可以促使用户自发为企业进行推广，因为这样的贡献行为可以为自己持有的通证增值。甚至于，每一次通证的交易行为都是一次推广，因为在持有通证之前，任何人总要对通证的核心价值有一个了解，那么此时交易的双方其实就都已经了解了通证背后的企业是做什么的，有些什么样的产品或者服务了。

2. 增强用户忠诚度

除了获取新用户外，通证还可以帮助企业增强用户忠诚度。其原因在于，通证的权益不仅是相互绑定的，它更是把企业和用户的价值联系在了一起，当企业和用户价值的重合度越高，用户就越有动力为企业做出贡献，因为二者的利益是重合的。

3. 降低相关成本

其实通证解决的所有问题，都不是新问题，而是过往所有企业都在试图解决的问题。但是通证可以比其他途径解决得更好，成本也更低。这主要是因为通证是基于区块链技术的。前文在分析区块链技术的价值时曾经阐述，区块链技术可以简化环节，从而降低不必要的成本。因此，通证也能够依靠不可篡改性、智能合约等属性降低相关成本。

总结起来我们可以看出，通证为企业所带来的价值，无论是拓展新用户还是增强用户忠诚度，主要是通过调节用户与企业之间的关系来实现的。

三　企业运用通证进行链改时需要注意的问题

尽管通证链改对企业有这诸多好处，但是在实际操作之中，我们仍然有许多问题需要特别注意。而这些问题，大多数正是和通证的好处相对应的，毕竟任何事物的优点和缺点都是可能相互转化的。

1. 通证能解决的问题是否必须要依靠通证解决

区块链技术的应用场景是非常广的，因此链改几乎适合所有行业；但通证链改作为链改的一部分，其适用范围要窄一些，并非所有行业都适合通证链改。在上面的总结中我们指出，通证主要是通过调节用户与企业的关系而产生价值，那么如果企业面向的用户主要不是自然人，比如2B企业（面向企业的企业），通证链改的适用场景就要窄一些了。

另外，即使是2C的场景，也不一定都完全适合通证链改。例如，政务服务可以直接通过无通证链改简化流程；如果还非要通过通证集成诸如"优先排号"这样的权益，就没有什么必要了。

因此，企业或者其他机构在考虑通证链改时，首先还是要考虑自身的业务场景是否适合通证链改。判断标准可以通过前两个问题入手，考察自身是否需要解决相应问题，或者是否需要取得相应成果。

2. 通证的核心价值是否能够支撑整个生态系统

在设计通证时，一定要为通证集成足够坚实的价值和权益，否则必然会降低用户获得、持有、交易通证的意愿，使得整个通证生态系统无法顺畅运转。当然，通证的权益集成也可以是循序渐进的，但是一定要有一个逻辑清晰、逐步上升的规划，并且需要按照规划即时完成，以取得社区的信任。

3. 通证的价值分配是否合理

如果通证的价值分配不合理，那么通证调节用户和企业关系的核心功能就将失效，甚至使通证失去用户和社区的支持。没有用户支持的通证将无法发挥所有功能和作用，反而会对企业造成伤害。因此，该采用什么样的共识机制，什么样的初始分配方案，后续该进行怎样的宏观调控，都是企业所应该考虑的问题，而中心的原则就是，让对企业贡献更大的用户得到更多的价值。

4. 企业是否能够承受使用通证可能带来的短期成本上升

虽然我们在前面提到通证链改可以降低相关成本，但这是一个需要经过较长时间才能被验证的结论，而在短期内，通证链改是有可能提升企业的成本的。一方面，区块链系统的搭建和通证的发行、流通都需要成本。另一方面，通证对于权益的绑定不像积分那样松散，由于积分很多都会因为过期等原因消耗掉，所以实际上并不会产生成本；但通证所代表的权益背后的成本就很难自动消除了。所以，在通证的意义发挥出来、吸引更多用户、创造更多收入之前，企业必须要能够负担这期间所增加的这部分成本才行。

BLOCK CHAIN

实战篇

　　本篇将通过大量的行业具体分析和真实的案例，展示区块链链改在各个具体行业中起到的作用以及发展现状。相信能让读者对区块链链改在自己所属行业中的应用有一个较为具象化的理解。

5

第五章

区块链赋能供应链

　　供应链是现代生产经济活动中一个非常重要的概念。20世纪，供应链管理在西方兴起后，得到了广泛的应用与发展，并取得了显著的成效。在我国，供应链的概念也已经广泛应用到我国企业的生产经营活动中，但由于起步较晚，我国企业在供应链管理中仍然普遍存在着比较严重的问题。

　　区块链的链状结构与供应链的链状结构存在着天然的契合性，而信息不对称、数据无法共享等供应链痛点也正是区块链技术试图解决的问题。因此，供应链是区块链的一个天然的应用场景，两者的结合成为必然的发展趋势。

第一节　区块链+供应链金融

一　供应链金融行业发展现状

　　供应链金融业务模式多变、网络关系复杂，因此国内对于供应链金融的定义存在一定的争议。中国人民大学商学院宋华教授在其《供应链金融》一书中为供应链金融做出了如下的定义：以核心客户为依托，以真实贸易背景为前提，运用自偿性贸易融资的方式，通过应收账款质押登记、第三方监管等专业手段封闭资金流或控制物权，对供应链上下游企业提供的综合性金融产品和服务。业界则将其概括为"M+1+N"模式，如图5-1所示，即围绕供应链上的核心企业"1"，基于交易过程向核心企业及其上游供应商"M"和下游分销商或客户"N"提供的综合金融服务。

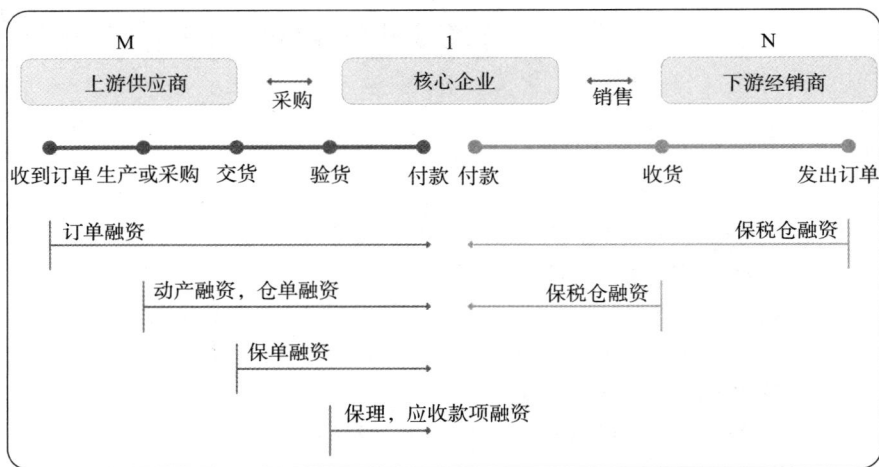

图5-1　"M+1+N"供应链业务模式

据麦肯锡咨询机构统计，目前全球有2万亿美元的信用账款闲置资金。如果将这笔可融资、相对安全的应收款项，有效地通过供应链金融盘活，全球可以多获得200亿美元的潜在收入。根据国家统计局数据，截至2018年10月底，中国规模以上工业企业应收账款14.6万亿元，同比增长10.9%，应收账款平均回收期为47.6天，同比增长0.4天。其中，2011—2016年，全国规模以上工业企业应收账款规模增加了5.57万亿元，增长幅度高达80%，平均每天增加1.11万亿元。根据艾瑞咨询数据，2019年供应链金融市场同比增长5.3%，增至2.1万亿元，预计2023年将进一步增长至2.5万亿元。

同时，据国家统计局数据显示，规模以上工业企业应收账款净额，从2005年的3万亿元，增加到2016年的12.6万亿元，增长了3.2倍，但2016年我国商业保理业务量却仅有5000亿元，这说明我国供应链金融市场具有广阔的发展空间。据普华永道测算，我国供应链金融的市场规模将会保持平稳增长。该报告推测2017—2020年的增速在4.5%～5%左右。到2020年，我国供应链金融的产值将会达到约15万亿元。

此外，随着新冠肺炎疫情在全球的蔓延，新冠肺炎疫情对全球经济和金融的影响变得更加深远。一方面，自全球化以来，世界各主要经济体都通过供应链的组织紧密连接在了一起；另一方面，近年来不断累加的不确定性因素，如全球产能过剩、全球债务过高、地缘争端、全球经济疲软等，早已让全球经济变得脆弱。新冠肺炎疫情让某个局部地区或行业停摆，所产生的风险会通过供应链传导至全球，叠加近年来积累的其他不确定因素，或使全球金融和经济的未来充满未知与挑战。国际市场受影响必然影响中国的进口和出口，也会影响中国金融的整体稳定性。

从微观来说，企业面临着需求的不足/不确定、现金流急剧恶化、物流不畅、原材料采购不顺、产能与生产成本难以调节、组织协同难、信息沟通不畅、用工难等多方面的问题。任何一个问题没有得到解决，都会将企业压垮，中小企业尤其脆弱。

如图5-2所示，对于中小企业资金紧张及融资问题，根据中国人民大学《疫情下企业融资与供应链金融调研报告》显示：76%的受调研企业要求其加强信息、数据共享力度和及时性，63.2%的受调研企业要求其提供真实有效的供应链应急方案，而只有5.9%的受调研企业会要求增加利息。换言之，融资企业必须加强信息共享以便解决金融机构、助贷机构与融资企业之间的信息不对称。因此，新时代背景下的供应链金融具有新特点，需要我们采用创新思路解决当下的问题。

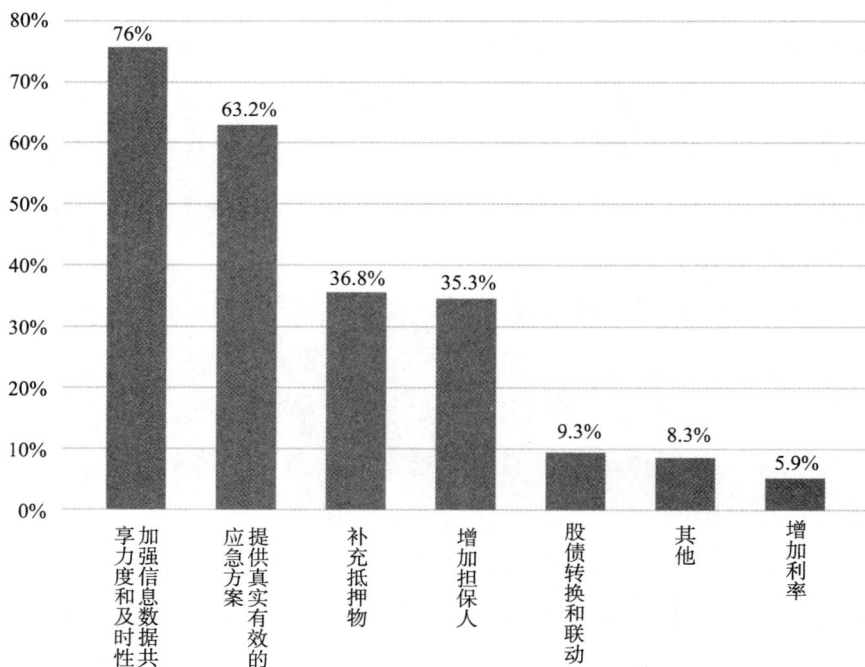

图 5-2　银行和金融机构对中小企业金融服务业务的诉求调查

二　供应链金融行业发展特点

"供应链金融"最大的特点就是在供应链中寻找出一个大的核心企业，以核心企业为出发点，为供应链提供金融支持。一方面，将资金有效注入处于相对弱势的上下游配套中小企业，解决中小企业融资难和供应链失衡的问题；另一方面，将银行信用融入上下游企业的购销行为，增强其商业信用，促进中小企业与核心企业建立长期战略协同关系，提升供应链的竞争能力。

1. 供应链金融与产业金融及物流金融的关系

供应链金融包含在产业金融当中，而供应链金融又包括了物流金融，三者间的关系如图 5-3 所示，三者存在一定程度的从属关系。

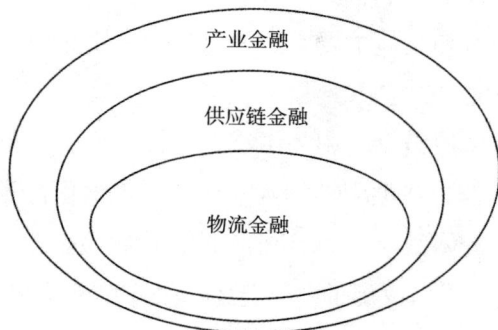

图5-3　供应链金融、产业金融、物流金融的关系

2. 供应链金融与传统金融模式的区别

传统金融孤立地关注企业和业务本身，导致金融机构只关注核心企业。而供应链金融是根据产业特点，围绕供应链上核心企业，基于交易过程向核心企业和其上下游相关企业提供的综合金融服务。如图5-4和图5-5所示。

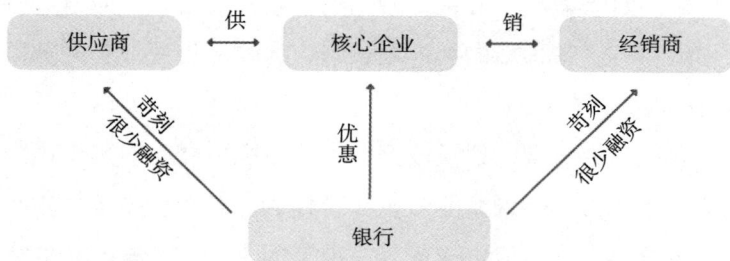

图5-4　传统金融模式

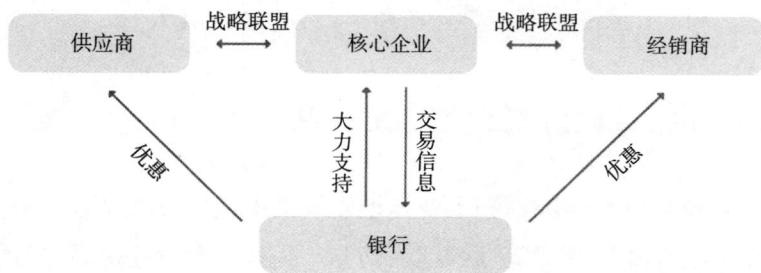

图5-5　供应链金融模式

3. 供应链金融的参与主体

供应链金融的参与主体主要有金融机构、中小企业、支持型企业以及在供应链中占优势地位的核心企业。

金融机构：在供应链金融中为中小企业提供融资支持，通过与支持型企业、核心企业合作，在供应链的各个环节，根据预付账款、存货、应收账款等动产进行"量体裁衣"，设计相应的供应链金融模式。金融机构提供的供应链金融服务模式，决定了供应链金融业务的融资成本和融资期限。

中小企业：在生产经营中，受经营周期的影响，预付账款、存货、应收账款等流动资产占用大量的资金。而在供应链金融模式中，可以通过货权质押、应收账款转让等方式从银行取得融资，把企业资产盘活，将有限的资金用于业务扩张，从而减少资金占用，提高了资金利用效率。

支持性企业：供应链金融的主要协调者。它一方面为中小企业提供物流、仓储服务，另一方面为银行等金融机构提供货押监管服务，搭建银企间合作的桥梁。对于参与供应链金融的物流企业而言，供应链金融为其开辟了新的增值业务，带来新的利润增长点，为物流企业业务的规范与扩大带来更多的机遇。

核心企业：在供应链中规模较大、实力较强，能够对整个供应链的物流和资金流产生较大影响的企业。供应链作为一个有机整体，中小企业的融资瓶颈会给核心企业造成供应或经销渠道的不稳定。核心企业依靠自身优势地位和良好信用，通过担保、回购和承诺等方式帮助上下游中小企业进行融资，维持供应链的稳定性，有利于自身的发展壮大。

三　供应链金融行业发展痛点

随着供给侧结构性改革和工业转型发展推进工作不断深入，中小微企业面临的融资难、融资贵等瓶颈逐渐凸显。为推动金融业提高服务能力，支持工业加快转型升级，国家各部委制定了一系列相关政策，鼓励供应链金融产业快速健康发展。然而在传统供应链金融业务开展过程中仍存在诸多问题与挑战，我们总结如下。

1. 供应链上存在信息孤岛

同一供应链上企业之间的企业资源计划系统（Enterprise Resource Planning，ERP）并不互通，导致企业间信息割裂，全链条信息难以融通。对银行等金融机构来说，企业的信息不透明意味着风控难度增大，对企业融资与金融机构渗透都是巨大的障碍。

2. 核心企业信用不能传递

信息孤岛问题导致上游供应商与核心企业的间接贸易信息不能得到证明，而传统的供应链金融工具传递核心企业信用的能力有限。银行准入条件比较高，商业汇票存在信用度低的问题，导致核心企业的信用只传递到一级供应商层级，不能在整条供应链上做到跨级传递。

3. 缺乏可信的贸易场景

在供应链场景下，核心企业为可信的贸易背景"背书"，银行通常只服务核心企业及其一级供应商的融资需求。而供应链上的其他中小企业缺乏实力来证实自身的还款能力及贸易关系的存在，在现有的银行风控体系下，难以获得银行融资；相应地，银行也很难渗透供应链进行获客和放款。整体来讲，可信的贸易场景只存在于核心企业及其一级供应商之间，缺乏丰富的可信贸易场景。

4. 履约风险无法有效控制

供应商与买方之间、融资方和金融机构之间的支付和约定结算受限于各参与主体的契约精神和履约意愿，尤其是涉及多级供应商结算时，不确定性因素较多，存在资金挪用、恶意违约或操作风险等问题。

5. 融资难、融资贵

在目前赊销模式盛行的市场背景下，供应链上游的供应商往往存在较大资金缺口。但是，如果没有核心企业的"背书"，他们往往难以获得银行的优质贷款。而民间借贷利息成本往往很高，同时操作不规范导致乱象丛生，使得融资难、融资贵现象突出。

四 区块链在供应链金融行业的应用

区块链是点对点通信、数字加密、分布式账本、多方协同共识算法等多个领域的融合技术，具有不可篡改、链上数据可溯源的特性，非常适用于多方参与的供应链金融业务场景。通过区块链技术，能确保数据可信、互认流转，传递核心企业信用，防范履约风险，提高操作层面的效率，降低业务成本。区块链技术对供应链金融业务的助益具体表现在以下几个方面。

1. 解决信息孤岛问题

区块链作为分布式账本技术的一种，集体维护一个分布式共享账本，使得非商业机密数据在所有节点间存储、共享，让数据在链上实现可信流转，极大地解决了供应链金融业务中的信息孤岛问题。

2. 传递核心企业信用

登记在区块链上的可流转、可融资的确权凭证，使核心企业信用能沿着可信的贸易链路传递，解决了核心企业信用不能向多级供应商传递的问题。一级供应商对核心企业签发的凭证进行签收之后，可根据真实贸易背景，将其拆分、流转给上一级供应商。而在拆分、流转过程中，核心企业的"背书"效用不变。整个凭证的拆分、流转过程可溯源。

3. 真实可信的贸易场景

在区块链架构下，系统可对供应链中贸易参与方的行为进行约束，进而对相关的交易数据进行整合及上链，形成线上化的基础合同、单证、支付等结构严密、完整的记录，以佐证贸易行为的真实性。银行的融资服务可以覆盖到核心企业及其一级供应商之外的供应链上其他中小企业。它在丰富可信的贸易场景的同时，大大降低了银行的参与成本。

4. 智能合约防范履约风险

智能合约是一个区块链上合约条款的计算机程序，在满足执行条件时可自动执行。智能合约的加入，确保了贸易行为中交易双方或多方能够如约履行义务，使交易顺利可靠地进行。机器信用的效率和可靠性，极大地提高了交易双方的信任度和交易效率，并有效地管控履约风险，这是一种交易制度上的创新。

5. 实现融资降本增效

在目前的赊销模式下，上游供应商存在较大的资金缺口，对资金的渴求度较高，它们往往以较高的利息、较短的贷款周期从民间等途径获得融资。在区块链技术与供应链金融的结合下，上下游的中小企业可以更高效地证明贸易行为的真实性，并共享核心企业信用，可以在积极响应市场需求的同时满足对融资的需求，从根本上解决了供应链上"小微融资难、融资贵"的问题，实现核心企业的"去库存"的目的，并达到"优化供给侧"的目标，从而提高整个供应链上的资金运转效率。

区块链供应链金融与传统金融的区别如表 5-1 所示。

表 5-1　区块链供应链金融与传统金融的区别

	区块链供应链金融	传统供应链金融
信息流转	全链条贯通	信息孤岛明显
信用传递	可达多级供应商	仅到一级供应商
业务场景	贯通全链条	核心企业与一级供应商
回款控制	可控性更强	人为操作空间较大
中小企业融资	便捷	融资难、融资贵

综上所述，区块链技术能将核心企业信用释放到整个供应链条的多级供应商处，提升全链条的融资效率，丰富了金融机构的业务场景，从而提高了整个供应链上资金的运转效率。

五　区块链+供应链金融应用案例

1. 平安银行

平安银行依托 AI 人工智能、区块链、云计算技术，搭建供应链应收账款服务平台（SAS），赋能升级供应链金融服务模式，为核心企业产业链上游供应商提供线上应收资产交易、流转服务。SAS 平台是为特定供应链内核心企业上游的中小企业提供线上应收账款转让及管理功能的平台。平台搭载了基于区块链技术的超级账本全流程信息记录和交互功能，并与中登网直连，自动实现应收账款质押、转让登记。具体操作流程如图5-6所示，具体操作步骤如下。

（1）核心企业、供应商和资金方等各参与方注册开通 SAS 平台。

（2）核心企业基于与供应商的基础贸易合同所形成的应付账款向后者签发 SAS 账单。

（3）供应商收到核心企业签发或前一手供应商申请转让的 SAS 账单后，核对账单并签收或退回。

（4）供应商可将其持有且未到期的应收账款转让给上游供应商并记载于 SAS 账单，抵消自身对上游的债务；也可以选择将收到的核心企业签发的、其他供应商转让的 SAS 账单所记载的应收账款转让给银行等机构受让方，获取融资。

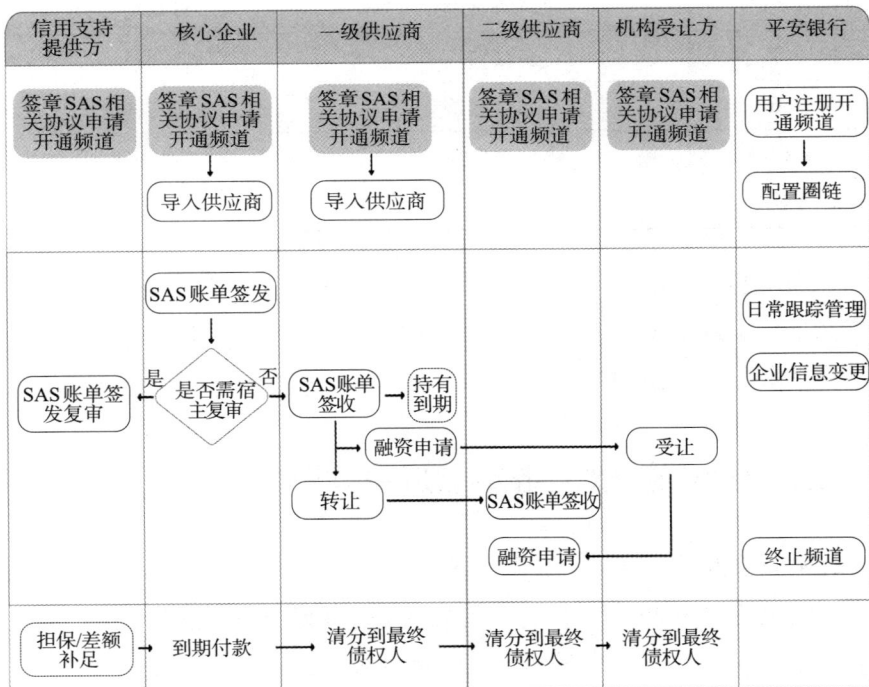

图5-6　平安银行业务流程

（5）SAS所载应收账款到期日前，核心企业确保备付金账户有足额兑付资金，并授权平安银行于应收账款到期日清分至对应应收账款最终持有人指定账户，完成应收账款到期兑付。

2. 中企云链云信

云信是中企云链推出的供应链金融产品，如图5-7所示。它主要是基于核心企业的信用，运用互联网工具，可流转、可拆分的电子债权。核心企业首先从银行等资金方获取授信支持；然后由核心企业根据其所属子企业规模大小、经营状况分配并在中企云链平台设定所属子企业可使用"云信"的最高额度，其可分配的总额度即为该核心企业取得的银行授信额度。核心企业向供应商通过支付云信来支付货款，供应商收到云信后有三种选择：

一是选择部分或全额继续持有；

二是选择部分或全额向平台进行保理融资变现；

三是选择部分或全额继续支付给其他企业，实现云信在产业链企业间的广泛应用。如图5-7所示。

多中心区块链存证

可流转
应收应付清理方式

可拆分
优质企业信用

可融资
反向保理

可跟踪
业务路径可追溯

图5-7　中企云链特点

第二节　区块链+供应链溯源

供应链溯源是指对农产品、工业品等商品的生产、加工、运输、流通、零售等供应链全流程环节的追踪记录。它通过产业链上下游各方的广泛参与来实现。在全球范围内，溯源服务应用的最为广泛的领域是食品和药品溯源，这对于保障食品安全、防护疾病等具有重要意义。商品溯源并不是单纯地将商品信息化，它是一个集 IOT 技术、防伪技术、信息系统与溯源机制为一体的综合性商业行为；是以 RFID、二维码、条形码等技术为载体，记录和传输商品生产与流转信息，以便为查询、追责、管理等溯源行为提供凭证的多环节协同行为。

一　溯源行业发展现状

2019 年 5 月，《中共中央　国务院关于深化改革加强食品安全工作的意见》（简称《意见》）中提出建立食品安全追溯体系。该《意见》要求"食用农产品生产经营主体和食品生产企业对其产品追溯负责，依法建立食品安全追溯体系，确保记录真实完整，确保产品来源可查、去向可追"，"加强全程追溯的示范推广，逐步实现企业信息化追溯体系与政府部门监管平台、重要产品追溯管理平台对接，接受政府监督，互通互享信息"；"推进'互联网+食品'监管。建立基于大数据分析的食品安全信息平台，推进大数据、云计算、物联网、人工智能、区块链等技术在食品安全监管领域的应用，实施智慧监管，逐步实现食品安全违法犯罪线索网上排查汇聚和案件网上移送、网上受理、网上监督，提升监管工作信息化水平"。

在最新的《中华人民共和国食品安全法》第四十二条中也明确提出："食品生产经营者应当依照本法的规定，建立食品安全追溯体系，保证食品可追溯。国家鼓励食品生产经营者采用信息化手段采集、留存生产经营信息，建立食品安全追溯体系。"《中华人民共和国农产品质量安全法修订草案（征求意见稿）》中提到"建立农业投入品追溯制度"，"利用信息化手段，实施电子追溯码标识制度，形成功能完善、信息准确、实时在线的投入品查询和追溯管理系统"。《农业部关于加快推进农产品质量安全追溯体系建设的意见》中也提到要"鼓励有条件的规模化农产品生产经营主体建立企业内部运行的追溯系统，如实记载农业投入品使用、出入库管理等生产经营信息，用信息化手段规范生产经营行为"。

产品全生命周期的质量追溯是目前国家和行业产品与服务质量提升的重要发展方向，融合北斗高精度、物联网、区块链、人工智能等新技术应用是未来质量安全领域追溯体系建设重要的技术措施，相关发展已获得诸多政策支持。2018年，财政部、商务部发布《关于开展2018年流通领域现代供应链体系建设的通知》（简称《通知》），要求加快推动现代供应链体系建设，推广基于全球统一编码标识的商品条码体系，推动供应链高质量发展。《通知》强调，要加强信息化建设，发展智慧供应链，提升智能化水平，推动大数据、云计算、区块链、人工智能等技术与供应链融合；支持上下游用户的生产、采购、仓储、运输、销售等管理系统相对接，平台与平台之间相对接，实现相关方单元化的信息数据正向可追踪、逆向可溯源、横向可对比，发挥供应链对优化生产、加快周转、精准销售、品质控制、决策管理等作用。与食品溯源相关政策情况如表5-2所示。

表5-2　与食品溯源相关的政策

发布时间	发文机关	政策名称	相关内容
2019年9月	工业和信息化部	工业和信息化部关于促进制造业产品和服务质量提升的实施意见	明确强调到2022年完善重点产品全生命周期的质量追溯机制，提供信息实时追溯和查询服务，让消费者放心消费
2018年12月	全国人民代表大会	中华人民共和国食品安全法	第四十二条明确规定，食品生产经营者应当依照本法的规定，建立食品安全追溯体系，保证食品可追溯。国家鼓励食品生产经营者采用信息化手段采集、留存生产经营信息，建立食品安全追溯体系
2018年12月	工业和信息化部	工业互联网网络建设及推广指南	明确强调加快工业互联网标识解析集成创新，开展基于标识解析服务的关键产品追溯、供应链管理、智能产品全生命周期管理等创新应用，形成一批有较强影响力的工业互联网标识解析先导应用模式。建立标识解析服务提供商名录，实现标识解析服务资源池和标识解析应用需求池对接，打通供需对接渠道
2018年9月	国务院	完善促进消费体制机制实施方案（2018—2020年）	明确强调加强重要产品质量追溯体系建设。健全追溯大数据应用机制，逐步形成全国追溯数据统一共享交换机制，初步实现部门、地区和企业追溯体系互通共享

发布时间	发文机关	政策名称	相关内容
2017年10月	国务院	国务院办公厅关于积极推进供应链创新与应用的指导意见	明确强调提高质量安全追溯能力。建立基于供应链的重要产品质量安全追溯机制，针对肉类、蔬菜、水产品、中药材等食用农产品，婴幼儿配方食品、肉制品、乳制品、食用植物油、白酒等食品，农药、兽药、饲料、肥料、种子等农业生产资料，将供应链上下游企业全部纳入追溯体系，构建来源可查、去向可追、责任可究的全链条可追溯体系，提高消费安全水平
2017年9月	国务院	国务院办公厅关于加快推进农业供给侧结构性改革大力发展粮食产业经济的意见	明确提出健全粮食质量安全保障体系，建立覆盖从产地到餐桌全程的粮食质量安全追溯体系和平台
2016年8月	国家发改委	国家发展改革委办公厅关于请组织申报"互联网+"领域创新能力建设专项的通知	明确提出建设农产品质量安全追溯技术及应用创新平台，支撑开展农产品追溯编码与产品标识、供应链信息快速采集、质量安全检测、农副产品关键质量信息实时监测、质量智能决策与预警、溯源数据交换与查询、大规模数据处理及查询等技术的研发和工程化，实现质量安全追溯体系与物联网、云计算、大数据等新一代信息技术的融合，提升农副产品在流通环节中的信息化水平

二 供应链溯源发展痛点

1. 质量安全问题频发，影响重大

假冒伪劣问题一直以来都是各行业亟待解决的痛点。高频率、大范围的商品造假使得公众对于商品溯源的诉求日益增加。如何能对商品的生产与运输信息实现有效追溯成了行业研究重点。

据《2013—2017年中国防伪材料市场前瞻与投资机会分析报告》统计，全世界受假冒伪劣产品影响的市场金额达到了3000亿美元，每年假冒伪劣产品的成交额已占世界贸易总额的10%。

我国在成为生产与制造大国的同时，也深受假冒伪劣商品的毒害，相关问题涉及食品、医药、化妆品、服装、农产品、汽车农机配件、音像制品、软件电脑芯片等各个领域。因此，对假冒伪劣商品的有效监管势在必行。

2. 质量安全系统本身可监管性和公信力不足

质量安全就是民生问题的头等大事，随着社会的发展，人们对产品安全的需求越来越强烈。用户需要了解产品从原料基地采收到入库、辅料采购入库、切配加工、灌装、装箱验收储藏、工作人员健康问题等环节的实时信息；企业和中间商也需要一套被市场认可的信用体系来打造企业品牌，提高效益。政府及相关职能部门也急需通过有效的技术手段保证食品安全，确保美好民生项目的实际落地。

现有的质量安全溯源系统，往往通过单点的中心化数据和企业管理方式，一方面无法被政府和相关监管机构有效监管，另外一方面中心化的数据和业务架构导致客观性和公信力不足。信息化溯源系统本身急需一种具有公信力的、可信任的、可监管的方式，提升质量安全溯源系统本身的价值，以提供真正地对质量安全有益的信息化工具，推进市场有序进步。

3. 中心化存储方式

传统溯源系统使用的是中心化存储模式，在这种模式下，谁作为中心维护这个数据库变成了问题的关键。无论是源头企业保存数据，还是渠道商保存数据，由于其自身都是流转链条上的利益相关方，当账本信息对其不利时，这类企业很可能选择篡改账本或者谎称数据信息由于技术原因而丢失，致使溯源流程失效。

4. 信息孤岛

溯源是一个对产业供应链进行数据管理的过程，其中最难以解决的就是多部门、多业务主体信息协同与供应链商品追溯，需要对数据进行跨业务主体的传输流通与互操作。目前，溯源体系下的各企业间数据独立存储，彼此间由于缺乏信任，形成数据孤岛，导致商品的溯源数据不能互相访问与共享。信息孤岛模式下，供应链上的各个参与者自我维护一份数据，俗称台账，电子化后又被称为进销存系统。不论是实体台账还是电子化的进销存系统，拥有者都可以随心所欲地对其进行篡改。

5. 恶意窜货

由于传统商品生产流转过程几乎处于封闭状态，信息的流通性低，导致恶性窜货行为时常发生，影响市场良性发展格局。

三 区块链在供应链溯源上的应用

使用区块链技术来实施供应链追溯，是供应链行业多主体参与、跨时空流转的客观要求。纵观商品在供应链全流程流转的管理特点，需要在原料商、品牌商、生产商、渠道商、零售商、物流服务商、售后服务商、第三方检测机构，乃至对应的政府监管部门间建立高效、互信、安全的追溯信息管理体系和数据应用体系，而这正是区块链联盟链技术的用武之地。

区块链通过加密算法、点对点网络、共识算法等技术体系，为交易双方提供了一种安全、高效、可靠、透明的商业交易模式。区块链技术以特定的方式形成了一种新的去中心化数据记录与存储体系，并给存储数据的区块链打上时间戳，使其形成一个连续的、前后关联的、信任的数据系统。这系统的架构与溯源的行业特征天然契合，使得区块链技术更易应用于溯源行业。

1. 保证溯源数据的完整性、真实性，建立可信数据源

在传统的溯源过程中，信息采集按照中心化存储方式，监管方可操作性不强，供应商与平台商信息互通性弱，并且人工测量与录入可能存在的准确性问题、数据篡改和造假问题难以避免。

区块链系统中的每个分布式节点成谱系化分布，通过数学方法而非强制性的中心管理机构来构建彼此间信任，从而保证每个节点拥有均等的权利和义务；数据在各节点进行冗余备份，单一节点的数据丢失不会损坏整个网络系统的完整性，即无法实现单一节点对数据的随意操纵，从而形成去中心化的分布式网络系统。区块链数据信息的储存、修护、传递和检验等过程均依赖去中心化分布系统，这使得基于区块链的数据信息具有较强的抗变换性，保证了溯源数据的完整、真实、连续。

2. 打破信息孤岛

区块链有助于打破供应链上的各个供应商、物流商、生产商、零售商之间的信息壁垒，建立溯源多主体之间的协同业务处理系统。它通过商品统一的身份标识，将全流程信息进行记录、传递、核验、分析，保证了数据的连通性、一致性、完整性和准确性，解决了各企业之间信息孤岛的问题，实现信息的透明共享。

3. 有利于政府部门有效监管

通过区块链网络的真实溯源、数据记录同步，监管部门可以作为其中一个节点加入整个网络，实现实时全链条信息监管。监管部门在发现问题时，可以快速定位问题来源，确定问题范围，实现来源可查、去向可追、责任可究，以快速可靠的技术方式实现消费品的安全与质量管控，保障消费者的合法权益。

4. 提升供应链协同效率

供应链上下游企业基于多实体共同维护的区块链账本，作为信息共享的高效渠道，从原料开始到生产加工、仓储物流、供应商中转再到零售终端，全链条的信息通过分布式账本进行维护，受上下游企业共同监督。在合理的数据共享范围内，各环节之间信息共享，上下游企业之间及时了解整体状态，可基于真实供应链状态快速决策与响应，提升供应链整体系统效率。

四 区块链+供应链溯源应用案例

1. 沃尔玛

沃尔玛利用区块链技术，创建基于 Linux 基金会的 Hyperledger Fabric 的食品追溯系统。第一个项目积极追踪沃尔玛在美国各门店销售的杧果的来源，而另一个项目则试图追踪沃尔玛在中国不同门店销售的猪肉。从效率的角度来看，沃尔玛的研究团队声称，通过使用这个新系统，追踪商品来源所需要的时间从 7 天下降到了 2.2 秒。此外，沃尔玛将区块链技术与自动送货车集成，使自动送货车未来将可直接进入用户家中进行配送。沃尔玛供应链溯源如图 5-8 所示。

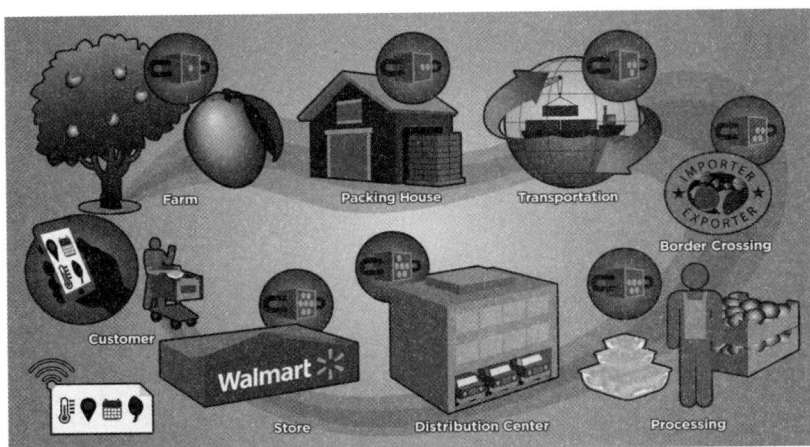

图 5-8　沃尔玛供应链溯源

2. 雀巢与家乐福

饮料和食品巨头雀巢已与法国连锁超市家乐福合作，旨在使用区块链跟踪奶粉产品的供应链。通过区块链，公司能确保整个奶粉产品供应链的透明度，以此来提升消费者对产品质量的信心。

区块链平台现已在法国的家乐福商店上线。客户将可以通过智能手机扫描 QR 码，从而获得有关奶粉产品的营养和其他信息。家乐福在一份媒体公告中表示，区块链的应用创造了整个供应链的透明度，因此，这可以使品牌和消费者建立信任。家乐福还提到，使用区块链能确保婴儿营养产品的质量。

6
第六章

区块链赋能行业

区块链的应用场景是非常广泛的。理论上，任何行业都存在需要建立信任、共享数据的需求，但是由于行业特点的不同，各行业对区块链技术的需求程度也不同。毫无疑问，区块链能够在大量行业中获得应用，发挥价值。在本章中，我们将选取区块链技术应用前景最佳的部分行业，分析痛点，列举案例，为读者说明区块链技术如何对这些行业起到积极作用。

●●●●● 第一节 区块链+金融 ●●●●●

金融一般是指货币资金的融通，它是货币流通、信用活动及与之相关的经济行为的总称。一方面，金融作为现代经济的核心，它的运行不仅直接影响着国家经济建设的进程，而且在非常大的程度上关系着社会发展的状况。改革开放后，随着国民经济的不断发展，我国的金融市场也以前所未有的速度与规模发展着。金融市场的发展有助于实现资本的聚集与集中，为实体经济注入活力，夯实国民经济基础。

　　另一方面，我国金融市场起步较晚，金融基础设施、市场完善程度等均明显落后于发达国家，以监管机制不健全、中小企业融资难为代表的问题严重阻碍了我国金融行业的发展。在这样的背景下，国家非常重视金融行业的健康发展。习近平总书记在2019年10月24日的重要讲话所提到的区块链应用"六大场景"中，金融业被排在第一位。相信在这一政策背景下，区块链能够更好地与金融行业相结合，金融业在未来的发展中将具有更加广阔的市场和前景。

一　金融行业发展现状

　　金融行业涵盖广泛，根据2017年发布的中国国家标准，国民经济行业分类（GB/T 4754—2017），金融行业占据了一个基本门类（J），包括货币金融服务、资本市场服务、保险业、其他金融业四个大类。对该分类进行整理后，我们认为金融业主要包括以下几个部分：

　　银行业；

　　证券业；

　　保险业；

　　信托业；

　　融资租赁、小额贷款、网络借贷、消费金融等非银行货币金融服务；

　　第三方支付、金融信息等其他金融服务。

　　本书所述之"金融"为综合概念，可能涉及上述所有组成部分；但特别地，本节所阐述之金融，将不包括供应链金融，即在供应链上，以核心企业为依托，通过实现核心企业信用流转，为供应链上其他企业所提供的金融服务。有关供应链金融的部分，我们已经在第五章中专门进行了讨论，故此不在本节中涉及。

1. 行业规模大，发展迅速

　　金融行业规模庞大，且仍在迅速发展之中。近年来，我国经济增长快速，人均GDP不断上涨，为金融业提供了良好的发展空间。如表6-1所示，根据中国人民银行调查统计司的数据，2019年，金融业机构总资产达到318.69万亿元，同比增速8.6%。其中，银行业仍然占据绝对比重，达290万亿元，同比增速8.1%。证券业和保险业虽然占比较低，但增速更快，同比增速分别达16.6%和12.2%。

表6-1　我国金融业细分行业规模（单位：万亿元人民币）

金融业	2019Q1	2019Q2	2019Q3	2019Q4
银行业	275.82	281.58	286.47	290
证券业	7.78	7.88	7.83	8.12
保险业	19.11	19.5	19.96	20.56
合计	302.71	308.96	312.46	318.69

可见，在我国经济持续保持健康稳定增长，且金融基础设施逐步建设成熟、金融需求逐渐释放的情况下，我国金融行业仍将继续保持良好的发展势头。

2. 银行业占据绝对比重

从表6-1的数据可以看出，在金融业的各个组成部分中，银行业占据了绝对的比重。2019年第四季度，银行业机构资产规模达到了整个金融业机构的91%，虽然比2019年第一季度略有下降，但是下降幅度非常有限。而相比于2013年、2014年同期，这个数据也仅仅下降了2%。同比西方发达经济体，这个数据一般在60%左右。

由此可见，我国金融业的多元化程度还不高。因此，在金融业的建设过程中，我们一方面应该重视证券、保险等行业的发展；另一方面，由于银行业仍占据绝对比重，银行仍是最为重要的金融机构，因此相关的改革和优化，都难以绕过银行来进行。是否能在银行系统中起到确实的作用，仍是衡量一项举措是否行之有效的重要标准。

3. 金融科技发展迅速

金融科技（Finanical Technology，FinTech），主要是指由大数据、区块链、云计算、人工智能等新兴前沿技术带动，对金融市场以及金融服务业务供给产生重大影响的新兴业务模式、新技术应用、新产品服务等，是金融行业的新业态。如图6-1所示，近年来，我国金融科技发展迅速，其规模已经从2013年的不到700亿元，预计增长到2020年的近2万亿元，并始终保持40%左右的高增速。

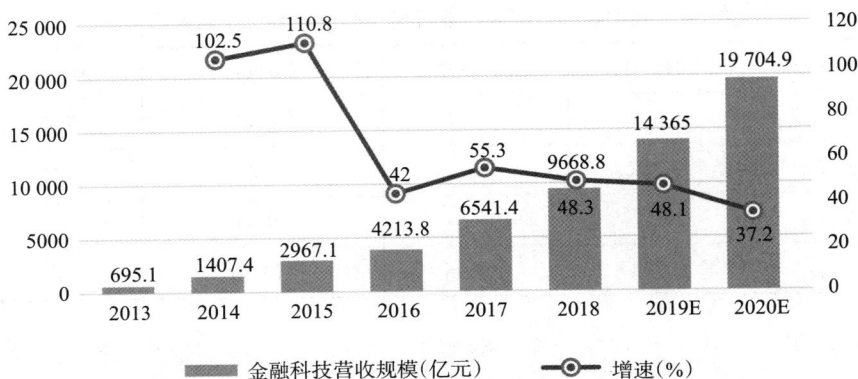

图6-1　我国金融科技营收规模

同时，我国对金融科技也给予了高度重视。中国人民银行于2017年5月成立了金融科技委员会，上海市更是建立了金融科技中心。2019年，中国人民银行发布了《金融科技（FinTech）发展规划（2019—2021年）》，文件中提出了加强金融科技战略部署、强化金融科技合理应用、赋能金融服务提质增效、增强金融风险技防能力、加大金融审慎监管力度、夯实金融科技基础支撑六项重点任务，并提出了加强组织统筹、加大政策支持、完善配套服务、强化国际交流、做好宣传贯彻五项保障措施。

可见，在未来的金融行业发展过程中，金融科技将会起到愈发重要的作用。

二　金融行业特点

1. 高风险性

金融行业资金量巨大，涉及面广，不仅广泛覆盖国民经济的方方面面，甚至能够成为国民经济情况的晴雨表。从宏观层面上来讲，金融业所蕴含的行业风险可能对整个国民经济造成巨大的影响，并且在不同人群和行业之间形成连锁反应，2008年的金融危机就是明证。从金融机构的经营者来讲，其始终面临着坏账风险的影响，风控的缺位、内部的违规行为、政策的影响，都可能造成金融机构的经营困难乃至倒闭。从投资者来讲，任何投资渠道都具有相应的风险，如何合理控制风险，控制损失，在此基础上取得收益，更是投资者必修的课程。

因此，无论是对于国家、金融机构，还是普通投资者，风控都是金融行业中最为重要的一环。金融机构为了降低坏账率，会在风控上付出大量的成本。近年来，中国消费金融、互联网金融的坏账率引起了大量的关注，而根据银保监会的统计数据，银行业的不良贷款率也持续抬头，从2012年的0.74%上升到了2019年的1.86%。

2. 线上属性

金融的主体是货币资金的融通，随着实体货币应用范围逐渐缩窄，货币逐渐数字化，金融行业的线上属性愈发凸显。随着金融科技的发展，大数据、区块链技术的广泛应用，使得过往很多需要在线下完成的业务，都可以在线上完成。即使是最为关键的风控部分，大数据风控能起到的作用也越来越大，仍需在线下进行的部分也在减少。

相比于制造、旅游、医疗、贸易等无法脱离线下的行业，金融业有着较为明显的线上属性，尤其是对于C端的普通投资者来说，基本可以做到纯线上操作。这样的属性为金融科技的进一步发展提供了极大的空间，也为大数据、区块链等技术与金融行业结合提供了更大的便利。

三　金融行业发展痛点

1. 风控成本高，数据治理难

现实中占据金融行业90%以上体量的银行业，坏账率逐年上升，这对银行等传统金融机构提出了更高的风控要求。原贵阳银行行长李忠祥曾经表示，一笔3万元的小微贷款，传统风控模式的成本可以达到180元；而通过大数据风控，可以将成本降低到6分钱，差距达到3000倍。网商银行也表示，可以通过大数据风控将平均贷款成本从2000元降到2.3元。

大数据风控是降低金融机构风控成本的重要途径。然而，在数字化转型过程中，大量中小银行仍然面临着数据治理难的问题。《中小银行金融科技发展研究报告（2019）》显示，中小银行的数据治理基本处于萌芽期，达91%的中小银行尚未开展有效的数据治理工作，可能面临多种困难，例如数据外部获取难、缺乏共享渠道，数据内部互通难、内部流转迟滞，数据多头管理、传递靠自发或人工等。

风控是金融行业最为重要的一环，在如何降低风控成本，提高风控效率，从而在提升用户体验的同时降低坏账是金融机构的一个核心优化方向。

2. 中小企业融资难

中小企业的融资难，是国家、产业、行业面临的老大难问题。长期以来，国家一直致力于通过多种方式解决中小企业的融资问题，但是这一问题仍然广泛存在。

在实际操作中，一方面，由于中小企业规模小、抗风险能力弱、制度不健全，导致金融机构需要为中小企业付出较高的风控成本的同时，还需要承担较高的坏账风险；另一方面，中小企业的借款金额也相对较低，导致金融机构只能从中获得较低的收益。因此，中小企业想要获得金融机构的融资就变得较为困难。

2019年4月，工业和信息化部副部长王江平等有关负责人介绍《关于促进中小企业健康发展的指导意见》有关情况，并答记者问时介绍：为缓解中小企业融资难、融资贵问题，一方面将发挥好银行的主渠道作用，并帮助小微企业提高融资能力；另一方面，进一步拓宽中小企业融资渠道。而在这两方面的解决问题的实际操作中，降低风控成本仍然是无法回避的问题。

3. 部分业务流程复杂，标准化程度低

金融行业内涵丰富，涉及广泛，业务类型众多，其中大量业务仍然存在流程复杂、中间成本高、效率低下、标准化程度低等问题。以银企对账为例，银企对账工作是银行在日常运营中完善内控体系、防控金融风险的

有效手段，通过银企对账可以发现、避免和纠正因银行与企业账务不一致而隐藏或引发的一系列风险隐患。在实际工作中，由于银企对账工作手段单一、模式落后，往往会造成对账不及时、对账单回收困难等问题，不仅会导致银企对账工作需要大量手工作业，耗费大量人力、物力，有时还不能起到良好的风险防范效果。

类似性质的问题广泛存在于包括银行在内的各类金融机构中，这些问题降低了机构运转的效率，增加了不必要的成本，从而对金融机构的业务造成了一定的影响。同时，部分面向C端的业务，也严重影响了C端用户的用户体验。

四 区块链在金融行业的应用

1. 加强数据共享

2020年4月，《中共中央 国务院关于构建更加完善的要素市场化配置体制机制的意见》公开发布。这是中央关于要素化市场配置的第一份文件。在这份文件中，数据作为一种新的生产要素类型，被首次写入正式文件，与土地、劳动力、资本、技术等其他生产要素并驾齐驱。这无疑说明，数据的重要性正在逐步提高。

对于金融行业来说，大数据风控是降低风控成本、增强风控质量的重要手段。然而无论是行业之间，还是金融机构内部，都面临严峻的数据共享问题。以银行业为例，银行间黑名单的建立和数据共享一直是一个难点。由于银行间往往存在一定的竞争，银行用户数据共享的商业风险和担忧无法消除，于是造成了数据孤岛的形成和保持。

区块链作为一门具有不可篡改特性的技术，能够避免人为意志的影响和操纵，成为绝对可靠的可信体系。一方面，通过区块链技术来监控数据的流动，任何一方都不能私自对数据进行访问，合作方均可以不暴露数据就达成数据共享；另一方面，运用智能合约的特性，通过自动化执行程序完成合作所需要的业务要求，做到数据"可用不可见"，各合作方既无须暴露数据，又可以实现数据共享，还能够防止数据泄露。

以银行间征信的共享为例，可以通过区块链技术，建设一个联盟链系统，并把各个银行的征信和相关用户数据记录上链。通过标准化的数据上链过程，可以避免泄露银行和更多用户的敏感信息，也可以防止虚假数据。同时，将过程写入智能合约，通过智能合约的自动执行，保证所有的输入数据和输出数据之间的自动化和合约化执行，即可在不需要任何一方或是第三方占有完全主导权的前提下，完成对业务建立的共识过程。

2. 降低风控成本

通过区块链技术降低风控成本，主要可以通过两个方面来进行理解。

首先，区块链具有不可篡改的属性，能够在多个主体之间快速建立信任。风控实际上就是一个在金融机构和借款人之间建立信任的过程，金融机构通过对借款人的还款能力和还款意愿进行调查，从而做出是否向借款人发放贷款的决策。在这个调查的过程中会产生相应的成本，也就是风控成本。而区块链技术通过快速建立信任，例如，对借款人的相关凭证进行链上真实性的保全，保障相关数据的真实性等，这样，金融机构在进行风控活动时，就可以避免不必要的支出，从而降低风控成本。

其次，区块链能够促进数据的流转，从而在简化流程的同时，做到标准化、自动化。通过简化流程，增强效率，区块链技术能够帮助金融系统免去不必要的中间环节，从而降低相应的人力成本、沟通成本、验证成本、管理成本、软硬件成本等等，从而最终降低风控成本。

在金融活动中，存在大量的金融活动证明。从发票，到本票、汇票，再到产权证明，这种种单据和证明，是保障金融活动顺利进行的重要凭证，也是金融机构进行风控活动的重要环节。然而，这些单据和凭证往往以纸质的形式存在，在制造、流转、查验的过程中不得不花费大量成本和精力来进行防伪。

区块链技术通过将这些金融证明数字化后上传上链，通过其不可篡改性方便金融证明的验证和流转。金融机构在进行风控活动时，无须再通过复杂的方法和步骤，而是可以通过简单而自动化的方式迅速判别。同时，中间的流转过程也可以极大简化，从而削减相应的成本；纸质证明的制造费用和防伪手段的应用成本也无须再支出。因此，区块链技术从多个方面降低了金融机构的风控成本。

3. 提升B端、C端用户体验

在帮助金融系统和金融机构降本增效的同时，区块链技术还可以提升小型B端（企业端）用户，以及普通C端用户的金融服务体验，将普惠金融、小微金融落到实处。

无论是加强数据共享，还是降低风控成本，实际上都是为解决中小微企业的融资问题提供了解决可能性。通过区块链技术，降低风控成本，减少中间环节，一方面提升了金融机构在从事小微业务时的盈利空间；另一方面能够使小微企业的融资活动更加规范，从而提升自己的融资能力。

对于C端用户来讲，金融服务的大幅简化和优化能够有效提升用户体验，这一方面是一种便民措施，毕竟金融行业仍然是一种服务业，提升服务质量本身就应该是服务业的追求；另一方面也是对金融活动的一种促进，能够使金融活动更加频繁、高质与繁荣。

五 区块链+金融应用案例

1. 央行数字货币

央行数字货币（Central Bank Digital Currencies，CBDC）由国际货币基金组织（International Monetary Fund，IMF）命名。IMF对于CBDC的定义为："央行数字货币是一种新型的货币形式，由中央银行以数字方式发行的、有法定支付能力的货币。"

在我国，央行数字货币的缩写为DCEP（Digital Currency Electronic Payment）。中国人民银行自2014年起就已经开始对央行数字货币进行研究；2017年6月，央行数字货币研究所正式挂牌成立；2020年4月，DCEP已经开始在包括中国农业银行等几大行进行内测，并在深圳、雄安、成都、苏州四地首先进行落地试点。

DCEP是人民币的替代，其功能和属性与纸币完全相同，相对于移动支付（如支付宝、微信），DCEP的法律地位、安全性都要更强。另外，DCEP还具有一定范围内的匿名支付以及双离线支付等特点。

对于国家和金融机构来说，DCEP还具有以下优点：可节省纸钞、硬币的防伪、发行、印刷、回笼、贮藏等各个环节的成本，且携带方便；可通过大数据行为监测、发现可疑交易特征，进而通过身份比对实现反洗钱；可指定资金流向，更好实现专款专用；可保证货币主权和法币地位；可实现货币数字化，以此为切入点将更深层次地带动金融基础设施升级，提升人民币在国际贸易与支付场景的效率及影响力等。

2. 京东区块链ABS解决方案

ABS指的是资产证券化（Asset-Backed Securities，ABS）。我国从2013年开始探索资产证券化这一创新金融业务形式，但是由于实践时间较短，市场对于底层资产的穿透和管理经验都很有限，面临资产支持证券的真实风险难以评估等难题。除此之外，资产支持证券关于资金归集与转付机制设置较为复杂，也一定程度上增加了操作风险和管理成本。

区块链技术通过密码学方法和特殊数据结构所提供的不可篡改特性保证了数据的原始性，提高了数据透明度，提升参与各方效率，从而降低了项目的融资成本；智能合约使证券化流程参与方协作规范化，减少操作成本；通过将流程标准化，底层现金流透明化，提高了风险定价效率和二级市场交易的流动性；区块链技术服务于资产证券化更有利于监管机构实现穿透式监管。

京东数科应用了区块链ABS标准化解决方案（如图6-2所示），2019年6月6日于深交所发行，京东数科、中信证券等共6个节点加入，对资产池实现了透明化管理，有效监控资产风险，目前项目正在平稳运行中。该方案构建了基于区块链的ABS联盟。它通过自动账本同步和审计功能，极大地降低了参与方之间的对账成本，解决了信息不对称的问题；通过多方共识机制，有效降低由于人工干预造成的业务复杂度和出错概率，显著提升现金流管理效率；同时便于针对ABS底层资产进行穿透式管理。

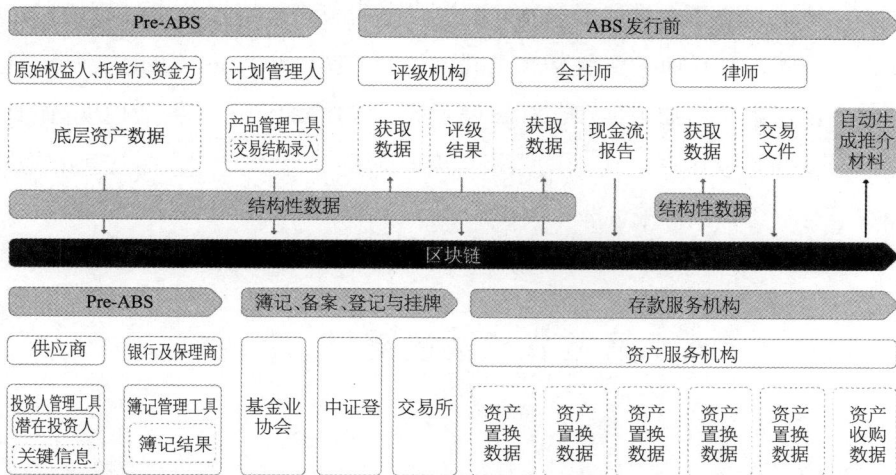

图6-2　京东区块链ABS解决方案

3. BDS360平台

BDS360（Broker Dealer Services 360）是美国纽约梅隆银行为美国国债结算开发的区块链平台。平台上线于2016年3月，利用区块链技术独立记录特有账本，并将其账本与主账本进行核对调整（如图6-3所示）。

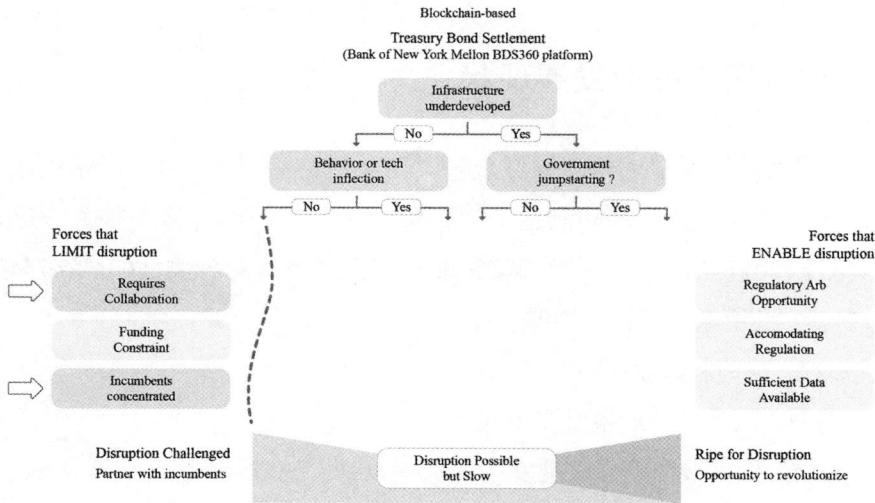

图6-3　美国纽约梅隆银行的BDS360平台

该项目并非一个概念项目，而是一个实际运行项目，纽约梅隆银行的业务、技术、运营人员利用BDS360增强了解决问题的能力，可以及时对问题做出响应，并且快速解决账本之间出现的差错。BDS360为纽约梅隆银行的整个记账系统增加了弹性，并降低了成本。BDS360并非要取代现有的结算平台，而是以更低的成本增强了现有平台的信息稳健性，而信息的稳健和安全对于托管银行来说非常关键。

第二节　区块链+医疗

2020年年初，新冠肺炎疫情的暴发，深深影响了整个中国乃至全世界。在这个谁都未曾预料到的黑天鹅事件的影响下，医疗行业成了人们关注的焦点。2020年2月3日，中国传统春节假期后股市开盘的第一天，整个股票市场一泻千里，而逆势而上的，正是"医疗概念股"。

此次疫情让我们再一次深切体会到医疗行业对整个人类社会的重要性。区块链作为一门造福人类，并将深度影响人们生活方式的技术，在医疗行业如何应用，将成为区块链从业者必须深入思考的问题。

一　医疗行业发展现状

医疗行业所涵盖的垂直领域众多，且互相关系复杂。本节所指医疗行业，泛指医疗服务、药品制造、健康管理、医疗保险等诸多相关医疗领域。根据2017年发布的中国国家标准，国民经济行业分类（GB/T 4754—2017），本节所指医疗行业主要包括：

C27，医药制造业；

C358，医疗仪器设备及器械制造；

F515，医药及医疗器材批发；

F525，医药及医疗器材专门零售；

J6813，健康保险；

M734，医学研究和试验发展；

N7724，危险废物治理；

Q84，卫生（含医院、基层医疗卫生服务，专业公共卫生服务，其他卫生活动）；

S9412，基本医疗保险。

对以上内容简单归纳，即本书所指医疗行业主要包括以下几个部分：

（1）医院、卫生院、疾控中心、防疫站等提供的医疗服务；

（2）药品与医疗设备、器械制造与处理；

（3）医学研究；

（4）医疗保险；

（5）健康管理。

1. 行业总体发展快速，发展空间大

医疗产业是中国最大且增长最快的产业之一。如图6-4所示，据《平安好医生上市招股书》，我国大健康产业于2016年的市场规模达人民币8.6万亿元，并预期于2026年增加至人民币26.8万亿元，年复合增长率为12.0%。我国医疗开支总额则由2012年的人民币28 119亿元大幅增加至2016年的人民币46 345亿元，年复合增长率为13.3%，并预期于2026年将达人民币114 031亿元，年复合增长率为9.4%。

（十亿元人民币）

年复合增长率	
2012—2016年	13.2%
2016—2026年（估计）	13.2%

年份	数值
2012	5231
2013	5969
2014	6788
2015	7618
2016	8591
2017（估计）	9652
2018（估计）	10 846
2019（估计）	12 187
2020（估计）	13 662
2021（估计）	15 284
2022（估计）	17 101
2023（估计）	19 135
2024（估计）	21 135
2025（估计）	24 058
2026（估计）	26 799

图6-4 2012—2026年我国大健康市场发展规模及预测

中国医疗产业将迎来较大规模的发展。人均可支配收入增加、人口老龄化及慢性病患病率上升是推动中国医疗服务行业发展的三项主要驱动因素。根据弗若斯特沙利文的报告，2016年中国人均年度可支配收入为人民币23 821元，预期2026年将达到人民币51 280.3元，年复合增长率为8.0%。2016年，我国60岁以上的人数约23 090万人，占全国总人口的16.7%；该数字预计2026年会达到27 150万人，占全国总人口的18.6%。随着老年人整体新陈代谢及免疫能力逐渐下降，其有更大机会罹患慢性疾病，从而产生高昂的、长期用药及疾病管理成本。

2. 行业发展有待进一步成熟

目前，我国在医疗卫生产业方面，与发达国家相比仍然存在较为明显的差距。中国的医疗支出无论是按国内生产总值占比还是按人均计算，相比其他具有高国内生产总值的国家仍相对较低。据我国《卫生和计划生育事业发展统计公报》，2018年我国全年卫生总费用5.8万亿元，占全国GDP总量的6.4%，明显低于2016年美国的17.1%与日本的10.9%。

虽然我国当前医保体系已基本建成，但医保保障力度不足一直是我国医疗保险制度里较为突出的矛盾，居民负担相对较重，保障水平相对较低。对比各国医疗费用结构便可以发现，根据卫计委统计，2017年我国个人卫生支出占比达到了28.8%，在实行社会医疗保险与国家医疗保险的国家中占比偏高，说明我国居民仍旧承担着巨大的医疗支出负担。

3. 医疗资源分配不均

目前，医院仍是中国最重要的医疗服务提供方。其中，三级医院在专业知识、医疗团队、管理及技术水平方面均达到优质水平。根据弗若斯特沙利文的报告，截至2016年年底，中国29 140家医院中仅有2232家三级医院。由于中国优质医疗资源主要集中在三级医院，病人不论其病情严重程度如何，往往更愿意向这些医院寻求医疗服务，因此占中国医院总数仅7.7%的三级医院承担了全国49.8%的医疗问诊量，产生了医疗资源与问诊需求的严重倒置。

同时，大部分三级医院均位于北京、上海等一线城市以及山东、江苏及浙江等较富裕、人口密集的东部沿海省份，上述各省均各有逾100家三级医院；而一些不富裕但人口密集的省份，各省的三级医院均不足100家。供需的严重不平衡连同优质医疗资源（包括基层医疗资源）相对紧缺导致中国医疗资源的低效及不合理利用（如图6-5所示）。

医疗资源与诊断需求严重倒置，2016年

医院年门诊就诊人次（按百万计）

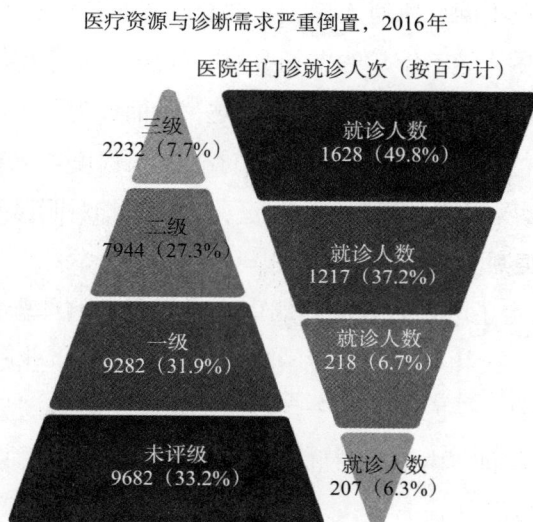

图6-5　医疗资源与诊断需求倒置

二　医疗行业特点

医疗行业整体来讲，相对于其他行业有着鲜明的特点。这些特点如下。

1.行业敏感，相关后果严重

医疗行业是为人的健康乃至生命服务的。对人来说，自身的健康以及生命是非常重要的，甚至对于绝大多数人来说，生命是自身的第一效用考量。因此，医疗行业往往事关重大，易引起极端事件的发生。

同时，也正是因为这一点，人们往往不吝于对于医疗方面的支出，这也使得与健康相关的产业往往具有较好的盈利能力。一方面事关重大，一方面又有盈利空间，这使得医疗行业在任何国家都相当敏感。

因此，相对于其他行业，在医疗行业中所出现的各类事件，往往更加敏感，也往往会造成更加严重的后果，而这种后果往往是以健康甚至生命为代价的。

2. 目标群体广泛，无相对明显特征

大部分行业，往往都有一定的目标受众，想要突破圈层是非常困难的。但是医疗行业不同，所有人口，只要有享受医疗服务的条件，都是医疗行业的受众。尽管随着年龄的增长，对医疗服务的需求会上升，但是即使是年轻人，也会产生各种各样的健康问题，从而成为医疗行业的受众。

因此，医疗行业的受众与人种、文化、收入程度、兴趣爱好、职业、性别等外部属性均无关系，目标群体广泛，且没有相对明显的特征。

3. C端体验强烈

以上两点决定了医疗行业的C端用户对于服务的体验是非常强烈的。同样的服务差距，在其他行业可能影响有限，在医疗行业则可能给用户留下更为深刻的印象。一方面，由于用户更为重视，对于产品和服务的要求也会更高；另一方面，由于用户群体大，相关的事件更容易形成传播和广泛讨论，影响更多用户。

可以看出，医疗行业是一个涉及全民、感知强烈、极其关键的行业。区块链技术如果想获得更加快速的发展，需要在这样的行业中有所建树。通过将区块链技术与医疗行业结合，建立示范性的落地项目，可以为实体产业做出非常直接的贡献，并且为C端用户提供易感知且感知强烈的产品和服务，更高效地增进普通大众对于区块链的认识，这对于区块链的发展是大有裨益的。

三　医疗行业发展痛点

1. 就诊体验有待优化

在全世界，医疗资源都是最为紧张的资源之一。我国作为发展中国家，在医疗资源的投入方面，相对于发达国家还有一定的差距。除前文提到的医疗卫生支出占GDP比例相对偏低外，如图6-6所示，2017年，我国

每万人执业医师数仅15人，远低于世界最高的西班牙的50人，以及英国、美国、日本（分别为28人、25人、23人）的每万人执业医师数。

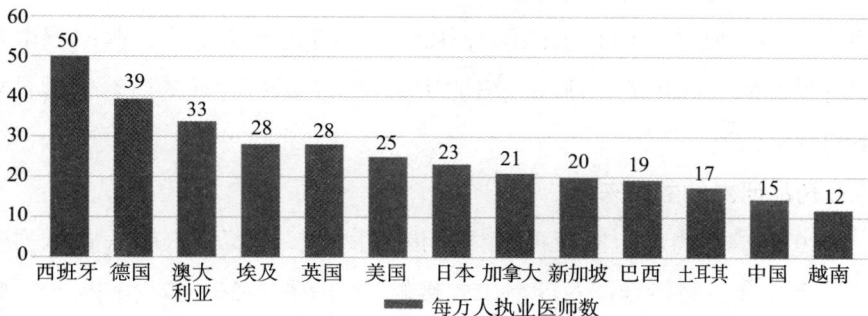

图6-6　世界各国每万人执业医师数

在医疗资源紧张的情况下，无疑会导致就诊体验的下降。如何提升患者的就诊体验，是一个非常全面复杂的问题，我们仅讨论基于区块链应用的角度，从两个方面来看就诊体验的问题。

一方面，患者就诊流程较长。尽管不断成熟的电子化系统使得部分流程得到了简化，但是排队时间长、检查项目多的现象仍然非常普遍。造成这种现象的主要原因仍然在于数据孤岛：不同医院之间信息无法互通，甚至在同一家医院的各科室之间都较难做到信息的无缝互通，这就造成了患者就诊时间的拉长；同时，一家医院做过的检查，另一家医院还得再做，增加了患者的金钱成本和时间成本。

另一方面，异地医疗存在一定困难。目前，除了个别省市之间的异地医疗已经完善之外，大部分的异地患者仍然面临着巨大的难题。异地医疗结算难，报销医保需要两地跑的现象仍然非常普遍。随着人员流动的加大和生活水平的提高，突发性的异地医疗、由于工作原因导致的异地医疗以及为了更好的医疗条件的主动异地医疗都在逐渐增多。然而，各省之间医保系统不互通、没有统一的结算中心等问题，都使得异地医疗存在困难。

2. 医疗用品的溯源和处理

药品、医疗设备、器械，这些医疗用品的质量与患者的健康与生命息息相关。一方面，相对于普通行业，对于医疗用品的质量要求更为严格；

另一方面，医疗用品在使用过后的废物处理上，要求也比其他行业更高，否则将容易造成严重的污染。

尽管国家对医疗用品的监管非常严格，但在巨大的利益驱使下，仍有不法分子生产制造假冒伪劣的医疗用品，如假狂犬病疫苗、假口罩事件等。可见，除了完善的法律和严格的执法外，对医疗行业的监管仍需寻求更多的解决渠道。

3. 药品研发的数据来源

2020年暴发的新冠肺炎疫情再次提醒我们，随着病毒等病原体的变异，人类社会还将持续面对此前未曾接触过的新型疾病。同时，对于一些已知疾病，人类也还缺少有效的治疗办法。在此基础上，药品的研发显得非常重要。因此，药品研发尽管投入大、周期长、结果充满不确定性，仍然有着非常重要的意义。

我国药品研发面临的痛点主要包括审批流程长、基础设施不够完善、人才缺乏等，其中也包括数据来源和数据互通的问题。对于药物研发来说，临床数据非常重要，但由于临床数据涉及患者隐私，将其投入药物研发会面临着较多的限制。

4. 商业医疗保险流程长、效率低

商业医疗保险往往针对大病设立，因此其用户涉及商业医疗保险的理赔时，往往也是大病患者。该类患者的就诊很可能经历了不同的医疗机构，这些医疗机构之间，以及与保险机构之间的数据互通存在很多问题，使得医疗保险流程长、效率低。而对于遭遇大病的家庭来说，医疗保险的理赔款非常重要，过长的流程很可能给患者家庭造成很大的困难。

另外，保险公司基于防止保险欺诈的目的，需要花费大量的成本进行风控，这不仅提高了保险公司的成本，对于真正需要保险理赔的患者来说，也增加了其时间成本。

5. 医患关系紧张

近年来，我国医患的紧张关系有所缓解，舆论对医闹的声讨愈发高涨，但暴力伤医的事件仍时有发生。可以说，各类暴力伤医事件严重威胁

着医护人员的生命安全，甚至影响着部分高考生的专业选择。我们如果不能对该类事件进行严厉打击，并从更深层面上防止该类事件的发生，那么对于医疗行业的发展将是一个巨大的负面因素。

6. 重大突发公共卫生事件应急能力仍待提升

尽管在2003年的SARS之后，我国的重大突发公共卫生事件应急能力得到了很大提升，但在这方面我国各方面的应急能力仍然存在着一些短板。在这里，我们仅选择其中的两个方面来进行论述。

一是传染病预警机制有优化空间。目前的层层上报机制尽管可以较大程度上避免误报，在理论上的响应速度也较快，但是在实际操作中，仍然面临着响应速度有待优化的问题。

二是应急性的数据共享还需加强。在重大突发公共卫生事件发生时，更大范围的数据共享无法及时铺开，比如患者的行程信息，如果医护人员能够获得临时权限，通过共享交通系统的数据，掌握患者的行程信息，就可以避免隐瞒行程导致的传播出现。

四　区块链在医疗行业的应用

由于医疗行业的特殊性，医疗相关数据相对于其他数据更为敏感和私密，这也造成和医疗行业相关的各类机构之间，数据孤岛现象非常严重。因此，区块链在医疗行业的应用，尽管有着多种多样的表现形式，但在实质上，往往以打通数据孤岛，促进数据共享为主。

1. 打通异院数据，优化就诊体验

随着我国人口流动性的逐渐加大，同地异院就诊，乃至异地异院就诊的情况都越来越多。然而，由于医疗机构之间的数据不互通，会至少造成三个方面的问题。

（1）对于慢性疾病，或者不能短期内治愈的疾病，患者很可能需要在不同医院就诊。那么，之后就诊医院的医生可能需要了解患者在之前医院的诊断情况。在数据不互通的情况下，医生只能通过之前诊断的纸质材料，如诊断单等了解，这可能会出现因患者遗失相关资料，或者相关资料无法提供医生所需信息的情况，影响医生的判断。

（2）对于某些并不常见的疾病，或者个体差异较大的疾病，医生往往需要参考同类病例来进行更精确的诊断。例如，在医院传统诊疗过程中，心脑血管疾病往往都是急症，医生很多时候只能根据化验结果以及自己的临床经验，对心脑血管疾病进行常规治疗。针对脑卒中这种实际情况复杂、个体差异性较大的情况，医生往往希望在诊疗过程中查阅相似卒中病历以及完整的诊疗过程全记录，包括患者的症状、既往服药、诊断和治疗等相关信息，以便为病患提供更有针对性的精确治疗方案。

（3）基于以上两点，医生需要相关数据参考却无法得到相关数据，就只能让患者再次进行相关检查，于是患者不得不耗费重复的时间和金钱成本。

通过区块链技术，我们可以在不同的医院之间建立联盟链来解决这个问题。在普通情况下，相关人员无权限调取患者的医疗数据信息；而当患者前来就诊，就诊记录输入系统后，相关的诊疗医生就可以调取患者过往的数据信息，为诊断提供支撑。在其中，区块链技术可以为该联盟链系统提供数据保护，可以有效防止出现医疗信息数据被泄露的情况。

2. 简化就诊流程，方便医院管理

以住院预交金为例，在传统模式下，患者交纳住院预交金后，获得纸质预交金收据。医院信息系统并不登记预付款人信息，只打印预交金收据，作为交款凭证。患者出院结算时，需要收齐所有票据办理出院，以避免住院余款退款和票据给付风险，但这也给预交金的流转及余款退回的权益归属上带来了问题。比如，同一患者的住院预交金可能由多人（患者本人及其家属）交款，甚至第三方（单位、保险机构、交通肇事方等）交纳，那么，住院医疗票据究竟出具给谁？多余的预付款退给谁？

区块链技术为住院预交金电子票据的转让及流转提供了解决方案，实现入院、交费、出院结算的线上闭环管理。在住院交费后，即可将预交金电子票据上链，并作为患者的链上资产。在整个电子票据流转过程中，借助区块链技术，当持有者发起票据转移后，资产就归属下一持有者。这样保证了资产在系统内不会重复，避免"双花"问题，也不会职责不清。因为发送者无法抵赖，其他人无法篡改。

3. 增加医保效率，防止医保欺诈

这里的医疗保险主要分为两个部分：基本医疗保险和商业医疗保险。患者在进行异地医疗时，会面临基本医疗保险结算难的问题；患者在申请商业医疗保险时，会面临流程长、效率低的问题；医疗保险机构则面临保险欺诈的可能性。

首先，通过区块链技术打通异地之间的医疗保险结算。目前，部分地区（如成渝）已经开通了部分医疗机构的联网结算，区块链技术可以有效加速这一过程，链接不同地区之间的医疗保险结算系统。这对于长期往返两地，或是寻求异地就医的群体来说，将带来极大的方便。

其次，通过区块链技术打通医疗机构与保险机构之间的数据，可以增进保险效率，防止保险欺诈。使用区块链技术，可以有效保证医疗资料和数据的真实性，防止保险欺诈。在此基础上，保险机构可以降低风控成本，提高效率，患者也可以更快得到理赔。

4. 支持药品研发和医学研究

在打通医疗机构之间、医疗机构与保险机构数据的基础上，还可以通过区块链技术打通医疗机构与研究机构、药企之间的数据。以往，临床数据分散在全国众多医疗机构之中，在不互通的前提下，由于样本量有限，很难用于研发工作。在用区块链技术打通数据之后，可以在保护患者隐私的前提下，为药品研发和医学研究提供有力支撑，同时也可降低其研发成本，为降低药品价格提供帮助。

此外，区块链技术还可以在某些医学研究中实现分布式协作。例如，蛋白质可凭借相互作用在细胞环境（特定的酸碱度、温度等）下自我组装，这种自我组装过程就是蛋白质折叠。如果蛋白质没有正确折叠，就会使人患病，如阿尔茨海默病、肌萎缩性脊髓侧索硬化症、帕金森综合征等。计算蛋白质折叠结构需要庞大的算力，利用区块链技术可以建立一个

分布式网络协助折叠蛋白质，网络中每一个节点在进行运算时都可以调用全网的算力，从而大大降低科研项目中服务器的采购成本。

5. 医疗物品全链条溯源

溯源是区块链技术应用中相对较为成熟的一个领域。医疗物品的质量安全尤为重要，因此，医疗物品更需要区块链技术所建立的溯源系统。通过区块链技术，打通医疗物品生产供应链，供应链上的每一个环节，都需要将医疗物品的生产、运输、销售各环节数据上传上链，从最大可能性上消灭假冒伪劣医疗物品的生存空间。

相对于其他产品的溯源系统，医疗物品的区块链溯源系统还有以下两个重点。

一是处方药的管理和销售。处方药是需要医生处方才能获得的药物，很多处方药都有着一定的不良反应，如果管理不严，可能造成严重后果。但是目前，处方药的管理并不十分严格。2018年，据人民网的调查，在25家医药电商中，有部分商家甚至可以在没有处方的情况下违规销售处方药。区块链技术的介入，可以有效加强处方药的监管，掐断处方药违规销售的渠道。

二是医疗废物的处理。不同于其他产品，医疗废物如果不能正确处理，就可能造成污染，甚至产生黑色倒卖，回流社会的情况。因此，医疗物品的区块链溯源系统，不应以产品的销售和使用作为终点，而应该继续跟踪到医疗废物的处理和销毁。在这方面，区块链技术可以起到追踪流向、防止篡改的作用，这有利于监督医疗废物的正确处置。

6. 优化重大突发公共卫生事件响应机制

新冠肺炎疫情暴发以来，区块链从业者们纷纷对如何将区块链技术应用于抗击新冠肺炎疫情提出意见。在这里，我们只针对医疗行业提出区块链技术面对重大突发公共卫生事件的两个应用场景。

一是优化传染病预警机制。如果可以通过区块链技术，将不同医生、医院之间的传染病监控数据打通，则可以快速掌握疫情初期在不同医疗机构的数据情况，通过智能合约自动将相似疫情进行归结，医生之间也可以相互快速了解到情况，形成多点上报。这样既能够更准确地掌握疫情，也能够分散医生的上报压力。

二是扩大特殊情况下的数据共享范围。例如，在疫情的特定情况下，可以打通交通系统与医疗系统的数据。当患者前来就诊，身份信息录入系统，医护人员就可以得知患者近期的出行历史——是否到过疫区、是否与病例有过同乘，从而降低医护人员被感染的概率，也防止患者隐瞒自己的信息。

五　区块链+医疗新兴技术结合点

上述应用是区块链技术针对现有较为完善的医疗体系所存在的痛点在其中的应用方向。医疗行业自身也处在不断发展之中，区块链等新兴技术也可以从诸多方向，与医疗行业的前沿发展进行结合。下面我们将就这一问题进行讨论。

1. 远程诊疗

随着互联网技术的进一步成熟与医疗体系的电子化，网络诊断也逐渐兴起。患者可以通过网络，向医生咨询健康问题，甚至实现网上诊断。如图6-7所示，随着市场规模的不断拓展，我国在线医疗咨询量从2012年的2980百万次快速增至2016年的14 840百万次，年复合增长率为49.4%，并预期于2026年达42亿次。

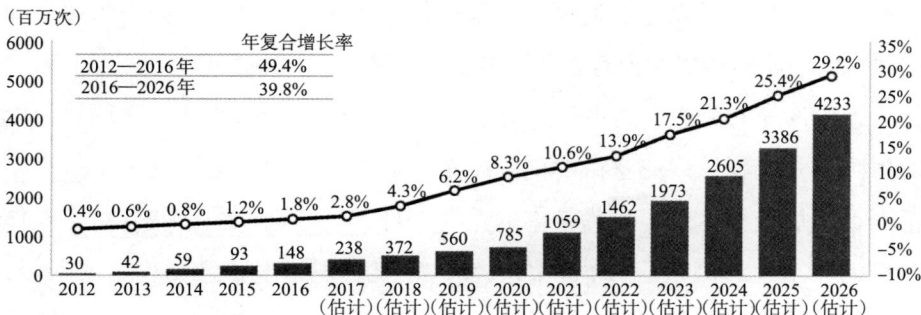

图6-7　2012—2026年我国在线医疗咨询数量及预测

目前，远程诊疗仍然处于起步阶段，因为通过网络，医生能够获取的信息有限，因此远程诊疗的应用范围也非常有限。但是随着一些基础技术的成熟，更大范围内的远程诊疗也在逐渐向我们走来。我们以远程手术为例，随着5G技术的成熟，远程手术已经得到实际应用，并运用于临床。

2019年1月，中国一名外科医生实施了首例远程外科手术。这名医生在福建省，操控48千米以外一个偏远地区的机械臂进行手术，切除了一只实验动物的肝脏。2019年3月，解放军总医院成功完成首例远程人体手术，远在海南的神经外科专家远程操控手术器械，为身在北京的患者实施了帕金森综合征"脑起搏器"植入手术。2019年6月，北京积水潭医院的医生同时远程操控两台骨科手术机器人，为浙江嘉兴和山东烟台的两名患者实施手术，这也是全球首例骨科手术机器人多中心远程手术。

可见，远程诊疗的意义主要在于以下两点。

（1）医疗资源的合理分配。在通过远程诊疗消除物理空间屏障后，医疗资源的分配可以不再受到地理空间的限制，从而得到更合理的分配。患者不必拖着病体长途跋涉，就可以享受最佳的医疗服务。当远程诊疗可以得到大面积应用时，这种资源优化对于全国医疗状况的改善将是十分巨大的。

（2）在特殊情况下，减少医患接触。以传播性疾病为例，如果大量的诊断、治疗环节可以通过远程诊疗来进行，这无疑可以大大减少医患之间的接触，对阻断传播途径有着非常重要的意义。

远程诊疗的成熟，离不开其他基础技术的支持。5G技术对于网络速度的保障，是远程诊疗的基础与前提所在。而当远程诊疗发展到一定规模与范围，区块链技术也将成为其中的重要一环：一方面，医疗硬件对于操作精度的要求远远高于一般物联网硬件，一旦出现错误，遭受攻击或入侵，所造成的后果将非常严重，因此，非常需要区块链技术为远程诊疗物联网提供安全保护；另一方面，如果未来远程诊疗设备数量大幅增加，也需要区块链技术的分布式存储来代替中心服务器，由此降低中心运维的巨大成本。

2. 院外医疗

院外医疗服务作为居民在医院外部获得的医疗服务，目前主要体现在家庭病床。家庭病床是指对需要连续治疗、依靠医护人员上门服务的患者，在其家中设立病床，由指定医护人员定期查床、治疗、护理，并在特定病历上记录服务过程的一种社区卫生服务形式。

目前，我国需要院外医疗服务的人群极大，从养老方面可窥见一斑。据《中国医院院长》的数据显示，我国现有老年人口2亿，且每年以3.2%的速度增加；80岁以上高龄的老人每年以5%的速度增长，而全国卧床、生活不能自理的患者和老人共有2700万。这些人均是家庭医生服务也即院外医疗服务的对象。另外，大量孕妇、低龄儿童、高血压、糖尿病以及慢性阻塞性肺气肿等慢性病患者均为家庭医生重点服务对象，大量的需求需要社会提供有效的院外医疗服务供给。

显然，对于这些院外医疗服务人群，需要借助硬件设备定时监测其生命体征，及时反馈给医护人员。因此，院外医疗一方面依赖于医疗硬件，例如监测仪器、可穿戴设备等的技术进步，另一方面也需要一种技术来保障、优化相关健康数据的产生、流转和保密。区块链技术在这方面的应用将是其他技术所无法取代的。通过将监测数据上传上链，并严格管理权限，区块链技术可以帮助医护人员第一时间取得权限内的数据，并防止这些数据的泄露。在及时为患者提供医疗服务的同时，保护患者的隐私。

当院外医疗进一步发展，其受众可以从高龄老人、孕妇儿童和慢性病患者拓展到所有人。身体健康的正常人也可以通过可穿戴设备监测生命体征，从而当突发急病、遭遇意外时，即使处于无人帮助，也无法对外求救的状态，也可以被监测到并第一时间得到救助；当身体各项指标出现异常时，也可以进行提醒，对自己的生活状态进行改善。这类健康管理的功能，除了硬件设备和医疗技术尚不足够成熟外，最大的困难就是和自己的隐私相冲突，而区块链技术的出现，可以很好地解决这一问题。

六　区块链+医疗应用案例

1. MedRec

MedRec是由麻省理工学院开发的一个基于以太坊区块链的电子病历系统。该系统可以为用户提供一个分布式记录管理系统，使用区块链来保存管理电子病历。所有储存在这个系统里的日志都是不可篡改的。

如图6-8所示，该系统具有如下特点。

（1）用户能够方便、快捷地访问自己的信息。

（2）通过区块链技术建立认证、保密和追溯责任人的功能，能够很好地保护用户的敏感信息。

（3）通过模块化的系统设计，实现与本地数据库的良好集成，使得整个系统运行将更为合理与便利。

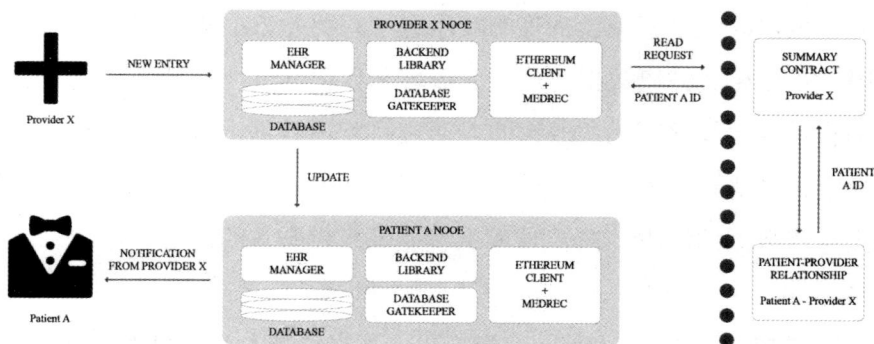

图6-8　MedRec原理

该系统中存在三个智能合约：挂号员合约（RC）、医患关系合约（PPR）、总结合约（SC）。这三种合约分别起到不同的作用：

RC将患者的身份字符串放到区块链上的地址上，相当于公钥；

PPR通过定义了一系列Hash指针来关联的访问权限，使得医务人员的每一次数据的调用都会留下相应的记录；

SC则用于患者访问数据库查找他们的病历历史，审核申请的合法性，防止非法的数据访问。

MedRec要做的，即是在医疗领域建立一条公链，引导患者将自己的病例信息保存至区块链，建立一个去中心化的电子病历以供医学研究人员和医疗服务利益相关者研究，同时患者也可随时访问，成为自己的医生。

在公共链的建设过程中，一方面，医疗研究者和利益相关者充当"矿工"的角色，为患者在区块链上记录存储数据，同时获得自己所需要的数据作为回报，用于研究或交易；另一方面，患者主动提供数据，不仅可以抵扣一部分治疗费用，同时也在为自己打造一份全面的病历，为涉及自己的决策提供更多信息。

2. 京东区块链医药追溯平台

如图6-9所示，该平台是京东智臻链的产品之一。

遵循国家药品监督管理局的监管要求，京东基于区块链技术建立了医药追溯平台，适用于中国医药市场，兼容多种药品编码标识，通过此平台可实现医药供应链的可视化管理。平台服务于药品及原料生产厂商、经销商、零售商、医院、患者及政府监管机构。

药品生产厂家采集产线生产信息并与药品追溯码关联，将产品如批次、有效期等追溯信息上链，确保数据信息不可篡改的同时，联盟的经销商授权可以在其节点"共享"药品追溯信息。当双方产生关联交易时，可在就近节点进行快速校验，形成校验的药品追溯信息被识别为"已交易"状态，连同交易实体信息记录上链，随后的交易环节都将循环此模式，直到患者依据处方获得药品。患者可以扫描追溯码查验真伪，同时还可以看到从生产、流通、物流等各环节的关键追溯信息。

应用层
医疗健康

接口层	
BaaS-Web	SDK & API

服务层

特色服务	合约管理	监控运维
快速部署	上传校验	节点管理
实名认证	合约部署	区块浏览
企业部署	合约升级	账户审计
开放接口	合约列表	账户管理

区块层			
Fabric	Stellar	Ethereum	JD Chain

资源层		
公有云	私有云	物理服务器

图6-9　智臻链各层设计

当国家药品监督管理局针对某款药品发布召回指令时，系统会发起交易冻结指令，所有联盟注册企业将同步此信息，自动冻结其节点中的相关产品信息，并在后续的药品交易中自动进行药品召回警报。

3. 阿里健康区块链+医联体

2017年8月17日，阿里健康宣布与常州市开展"医联体+区块链"试点项目的合作，将区块链技术应用于常州市医联体底层技术架构体系中，预期解决长期困扰医疗机构的信息孤岛和数据隐私安全问题。该方案目前已经在常州武进医院和郑陆镇卫生院实施落地，并将逐步推进到常州天宁区医联体内所有三级医院和基层医院，部署完善的医疗信息网络。

"医联体"是以三级医院为核心，结合区域内的二级医院和一些社区卫生服务中心、乡镇卫生院、乡卫生所构成。在这套体系中，一方面，病人所有的医疗信息都被串在一条链上，各级医院的医生，在经过授权后可迅速了解病人的既往病史和体检信息，病人也不需要重复做不必要的二次基础检查，从而享受医联体内各级医生的全程医疗服务，实现早发现、早诊疗。

另一方面，相关医疗数据也得到了更好的保护。首先，区块链内的数据存储、流转环节都是密文存储和密文传输，即便被截取或者盗取也无法解密。其次，专门为常州医联体设计的数字资产协议和数据分级体系，通过协议和证书，明确约定上下级医院和政府管理部门的访问和操作权限。最后，审计单位利用区块链防篡改、可追溯的技术特性，可以精准地定位医疗敏感数据的全程流转情况，比如在什么时间点，被哪个医疗机构授权给了谁，授权的具体范围是什么。

IBM预测，全世界56%的医疗机构将在2020年前投资区块链技术。我们认为，在区块链的诸多应用场景中，医疗行业将会是非常重要的一个。一来，如前文所述，医疗行业对于人类社会有着无可取代的重要性，区块链在医疗行业中的应用可以使大众产生在其他行业中无法产生的深刻感知；二来，医疗行业的内涵丰富，各类区块链技术、各有特点的区块链服务商均可在其中找到适合自己的着力点。

当然，抛开以上，还有一个重点：医疗行业是一个关乎人们生命的神圣行业。我们希望，区块链技术在医疗行业的应用，能够拯救更多人的生命，让更多人免于疾病和苦痛的折磨。

第三节　区块链+电力能源

自改革开放以来，我国国民经济得到了迅速发展，而全国经济的加速增长，也带动了电力需求的加速增长。一方面，高速增长的电力需求不断给电力的生产、运输、销售提出了新的要求，使得电力市场迅速发展；但另一方面，电力交易存在的交易成本高、能源浪费等现象日益严重，不利于人类社会的可持续发展。

为了进一步构建清洁、高效、安全、可持续的现代能源体系，国家大力推进能源互联网的试点与示范工程，积极探索支撑能源互联的新技术、新模式、新业态。电力能源作为能源中的主力军，走在了可持续能源改革的最前方，2016年，国家发布了《关于推进"互联网+"智慧能源发展的指导意见》，要求实现"设备智能、多能协同、信息对称、供需分散、系统扁平、交易开放"，拉开了电力体制改革的序幕。

随着区块链技术的发展日益成熟，各方也在积极探索区块链在电力能源领域的应用。2019年10月24日的重要讲话所提到的区块链应用"六大场景"中，将能源电力归在了六大场景中的"智慧城市"部分。在新的政策背景下，"区块链+电力能源"会有怎么样的新碰撞，这将是区块链从业者必须深入思考的问题。

一　电力能源行业发展现状

1. 用电量与发电量持续增长

电力作为国民经济和产业发展的基础，也是居民日常生活的必需品，与社会经济息息相关。近年来，我国国民经济稳定发展，而经济的发展也带来了电力需求的增长，从而促使用电量和发电量持续增长。如图6-10所示，在2009年至2019年的10年间，我国全口径发电量和用电量持续稳定增长，数据增长在十年间达到100%。可以预见，在我国总体经济长期向好、增幅稳定的情况下，电力能源行业的发展仍然会保持稳定向上的态势。

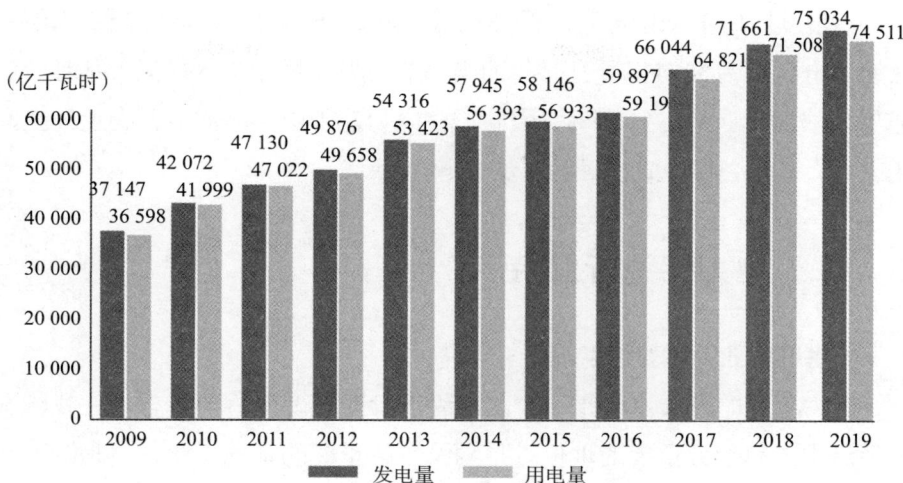

图6-10　2009—2019年我国发电量与用电量

2. 清洁能源规模快速上升，但占比仍然较低

随着国际社会对环境保护和资源保护的愈发重视，全球各国愈发提高了对清洁能源的重视程度。我国作为大国，也一直致力于发展清洁能源。如图6-11所示，风电、太阳能光伏两种主要的清洁能源的发电量在持续上涨。2017年，风电与太阳能光伏的发电量几乎达到了2010年的10倍，并仍在以高增长率上涨。

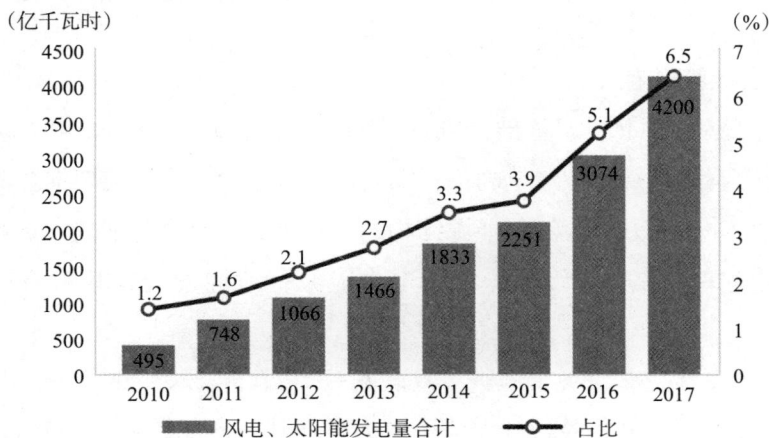

图6-11　2010—2017年我国风电、太阳能发电量情况

目前我国的清洁能源占比仍然很低。以2016年为例，风能与太阳能光伏的发电量仅为3074亿千瓦时，而当年的总发电量为59 897亿千瓦时，风能与太阳能合计只占到5.1%。因此，在电力能源中，清洁能源的上升空间还有很大，也必将扮演越来越重要的角色。

二　电力能源行业特点

1. 基础行业，重要性高

电力工业的发展水平是一个国家经济发达程度的重要标志，在我国国民经济中占有十分重要的地位，是国民经济重要的基础工业，也是国民经济发展战略中的重点和先行产业。电力工业必须优先于其他工业部门的发展而发展，其建设和发展的速度必须高于国民经济生产总值的增长速度，只有这样，国民经济各部门才能够快速而稳定地发展，这是社会的进步、综合国力的增强和人民物质文化生活现代化的需要。从"科技要发展，电力要先行"，可以看出电能在国民经济和人民日常生活中的重要作用。

一旦电力系统出现问题，对国民经济和人民日常生活造成的影响是难以预估的：不仅可能造成经济活动和日常生活的停滞，造成巨大的经济损失，更可能直接危及部分群体（如依靠特定设备维持的病人、特种作业人群等）的生命。可以说，电力能源行业的基础重要性是大部分其他行业所无法比拟的。

2. 受政策影响大

电力供应属于国家基础设施建设的一部分，政策方面，电力是强监管、强政策的基础行业。电力项目需要得到政策允许或购得资质、牌照等才能推行，国家方针政策对能源结构的影响重大，整个行业的发展趋势受到国家政策的影响。因此，对于电力能源行业的发展，政策方向非常重要。

从2016年发布《关于推进"互联网+"智慧能源发展的指导意见》开始，电力改革的序幕被拉开，整个电力行业开始向能源互联网方向发展。电力能源行业也在朝着清洁、可再生、可持续的新能源方向发展。上网电价、可再生能源配额制、净计量电价、财政税收支持政策以及绿色电力价格等电价问题也在政策的扶持之下获得发展。国家应时代要求提出了电力能源改革，我国的电力市场正在迎来一个改革期。

3. 电力跨区域输送比例高

我国幅员辽阔，全国各地的自然条件、经济发展状况都存在一定区别，因此各地的电力生产能力和消费需求并不匹配，存在着供需关系不平衡的现象。例如，对于经济发达的珠三角区域和长三角区域，电力供应量无法有效满足需求量，使得整体电力能源管理结构失去了实效性。

由于电力能源市场方范围的扩张，市场内部能源管理需求和潜力逐渐增大，要想从根本上解决管理模型的实效性，就要积极建立更加系统化的控制措施。正是基于此，我国实施了西气东输工程，旨在有效缓解能源的供需失衡问题。如图6-12所示，2006—2017年，我国跨区送电量保持稳定增长，供应能力持续增强，电源结构持续优化调整。

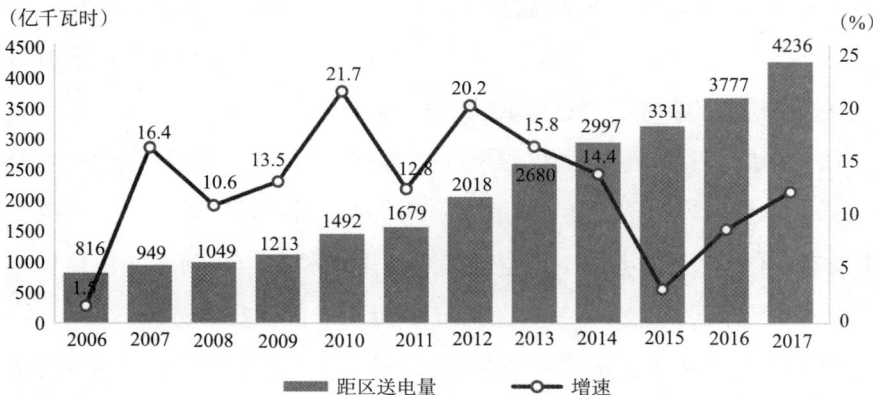

图6-12　2006—2017年我国跨区送电量情况

三　电力能源行业发展痛点

1. 电力数据安全问题凸显

2018年9月，国家能源局发布《关于加强电力行业网络安全工作的指导意见》，内容全面覆盖《中华人民共和国网络安全法》《电力监管条例》及相关法律法规要求，对强化关键信息基础设施安全保护、加强电力企业数据安全保护等方面提出了要求。

近年来，虽然电力行业的信息安全建设始终在持续进行，但由于历史遗留、网络复杂、业务特殊、系统繁多等特性，安全威胁仍旧十分严峻。电力企业的各个环节都可能涉及大量的业务往来、用户资料等敏感数据，包括营销数据、人事数据、财务数据、资产数据等。一旦这些数据被盗用泄露，或者被篡改删除，将会是非常严重的安全事件。这很可能不仅仅影响的是电力企业自身的业务和声誉，造成经济损失，也很有可能影响一定区域内的电力能源供应，严重影响当地的经济生产和民众的普通生活，甚至威胁国家安全。

电力企业在实际业务中，数据安全管理仍然存在着较多问题。

（1）敏感数据：在对敏感数据进行脱敏时，部分电力企业所采用的脱敏手段仍然非常落后，例如通过脚本，甚至人工来进行脱敏，过程中所采取的脱敏规则也不统一。因此，这部分企业往往脱敏效率低下，脱敏后所产生的数据质量也不高、数据间关联关系也被破坏。

（2）风险行为：电力企业的规模一般都较为庞大，因此企业中系统繁杂、人员众多，非常容易产生违规操作行为，例如越权访问、下载或篡改数据。而这类情况一旦发生，也难以及时发现和定位。同时，也存在部分企业安全措施落后的情况，一旦被攻击，难以进行有效的防御。

（3）数据库运维：电力企业的系统网络非常复杂、中心化运维的情况非常严重，一方面大大增加了运维成本，降低了运维效率，产生了性能的瓶颈；另一方面，一旦遭受攻击，某一点的攻击很可能造成整个系统的崩溃。

2. 电力损耗较为严重

我国电力跨区域输送比例高，这无疑导致了电力损耗的加重。根据相关数据统计，2015年，我国因输配电电力损耗约占总发电量的6.6%。在整个电力系统中，造成电力损耗的原因较为复杂，主要可以分为固定损耗、可变损耗、管理损耗三类，并与电压、电流、电阻、配电变压器等各种电力系统配件、导线长度等多种因素息息相关。

目前，对于电力的损耗，往往针对上述因素，以配电变压器的优化为主，通过技术细节、管理规范以及总体结构设计入手进行优化。

3. 电力管理、销售与交易中心化

传统发电站都是集中式的大型发电站，如火力发电站、核电站、水电站和大型风力发电站。大电网、高压电、大机组是传统供电系统的特点。传统集中式供电系统产能效率高且便于管理，然而系统的容错率较低，且灵活性小。传统电网一旦出现故障，其影响范围广、难修复、损失大。

电力体制改革背景下，国家电改配套文件《关于推进售电侧改革的实施意见》明确了电网公司要承担电力市场结算职能。为适应电力体制改革，支撑及促进电力市场建设，电网公司需要建设高效便捷的市场电费结算系统，建立与之相适的结算业务处理规则与工作流程，为电力市场主体提供安全、快捷、高效的电费清分和资金结算服务，做好电费结算信息的披露工作，进一步巩固公司统一电费结算核心优势。

如图6-13所示，相比电改前的传统电费结算，电改后的市场化结算在市场成员、交易合同和交易品种等方面对应用和系统提了新的要求：成员增多、交易品种多样化、合同规则复杂化，要求结算系统能灵活拓展，按照市场价结算；同时允许购、售电端自主协商、集中竞价，导致最终市场价格、电量都不统一，这些都对交易结算管理及风险防范提出了更高要求。

然而，目前的电力交易仍然面临着诸多问题。发电企业通过配电企业销售给小用户，中心化程度高；能源交易由交易所统一规划管理，不仅需要向第三方机构支付费用，还需要以高昂的成本维护中心数据库，而场外交易则需要承担信用风险和做市商的成本，成本居高不下，这显然是与《关于推进"互联网+"智慧能源发展的指导意见》中"系统扁平、交易开放"的要求是相悖的。

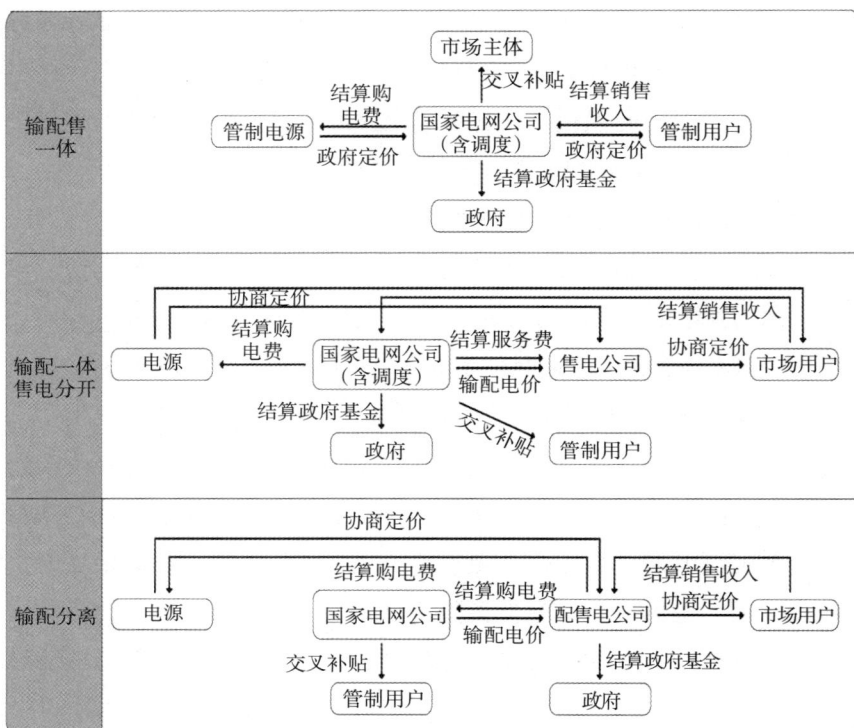

图6-13 三种电力输配售模式

4. 各项过程烦琐，纸质文件多

随着电力体制改革的深化，电力市场日趋复杂，购售电合同数目也呈几何级增长。长期以来电力交易合同以纸质合同形式签订，需要人工录入信息系统，效率低且容易出错。目前的电子合同在电力领域仅针对电网公司内部的双边交易，不适用于以小用户为核心的电力零售市场，且购售电合同按照规定需报送给法律、审计、监察各部门，而各部门信息管理系统各自独立运行，易造成信息不对称、数据不规范、数据易篡改等问题。

四 区块链在电力能源行业的应用

随着国家对区块链技术的重视，区块链在各行各业的应用也逐渐深化，其中也包括电力能源行业。2020年1月，国家电网公司印发2020年1号文件《国家电网有限公司关于全面深化改革奋力攻坚突破的意见》，文件中明确提到，"发挥科技创新驱动作用，加强基础性、前瞻性研究布局，聚焦5G、人工智能、区块链等前沿技术，开展集中攻关，构建标准体系，推进产业化应用，深化国家双创示范基地建设"。

1. 保护电力系统安全性，降低电力损耗

区块链技术可以通过分布式数据存储、封装智能电力系统底层数据以及相应的数据加密信息，为分布式数据计算提供数据存储和运算基础。区块链群中其他链将会运用数据区块链来进行数据交互。数据区块链控制分布式文件系统并且向外部提供读写接口——区块链群中各个区块链从数据区块链提供的数据接口读取自己所需的数据，而运行结果则写进数据区块链，从而建立各个区块链的交互机制。在此交互机制基础上，各区块链完成自己预定的功能。

数据区块链为智能电力系统的运行提供了一种新的分布式数据存储、通信以及文件服务架构。数据区块链中的节点本身并不存储所有的实际数据，而是包含部分数据、各种数据的类型信息、存取位置信息、版本信息、读取权限信息、读写历史信息等。数据区块链的信息将电网大数据串联起来，并为其提供安全的存取机制，保留存取记录，让每次数据的变更都有据可查，防止第三方恶意篡改数据引起安全问题。由此，利用自身的安全属性，区块链为电力系统数据安全提供了一种全新的数据架构思路与技术路径。

同时，在前文中，我们曾经提到，由于在中心化电力系统中，电力运输路程长，带来了较高的电力损耗。目前对电力损耗的优化办法，往往是从细节优化出发，通过改良各类输配电设备，或者优化管理流程来进行。而当区块链技术充分介入电力损耗优化项目，则可以建立一个相对去中心化的电力生产消费网络，使得本地电力能够更多地自给自足，从而直接降低电力运输的路程，以此降低电力损耗。

2. 促进光伏等新能源发展

近年来，虽然光伏等新能源发展迅速，但是相比于火电来说，光伏等新能源的规模仍然非常有限。这是因为火电无论从资源、流程、场景等方面来

说，都已经非常成熟，在短时间内光伏等新能源无法取而代之。而区块链技术可以很好地促进光伏等新能源发展，其促进作用主要体现在以下几方面。

（1）符合光伏特点。与火电这种大型集中式的发电不同，光伏发电规模较小，较为灵活分散，这与区块链技术的分布式特点有着很高的契合度。通过区块链技术的介入，光伏发电可以实现基于智能合约的自动交易，充分发挥光伏小、快、灵的特点，同时让光伏新能源充分渗入到小型用电者中去。

（2）发挥新能源优势。新能源的最大优势就是对环境的污染较小，如果体现在短期经济利益上，碳排放权是其中非常重要的一部分。新能源利用率高的企业，将会获得更多闲置的碳排放权，从而进行交易获益。而区块链技术的介入，可以建立一个更高效、更智能化、更广泛的碳排放权交易体系，从而帮助新能源企业以更优的价格和更快的速度出售自己闲置的碳排放权。

（3）拓宽新能源应用场景。新能源不仅仅是洁净的，更应该是智能和高效的。以新能源汽车为例，不仅应关注其在减少污染方面的优点，还应该使其在体验上达到更优。通过区块链技术，可以建立一个更高效、更智能化的新能源汽车充电体系，不仅能让车主更加方便地找到充电桩，还能使汽车自动完成充电过程，自动结算费用。通过区块链技术拓宽这些新能源的应用场景，也可以从需求端对新能源的发展起到促进作用。

3. 建立基于区块链的分布式电力交易平台

近年来，国家一直在进行电力体制改革。2017年，国家发改委和国家能源局发布的《关于开展分布式发电市场化交易试点的通知》就明确指出，"分布式发电就近利用清洁能源资源，能源生产和消费就近完成，具有能源利用率高、污染排放低等优点，代表了能源发展的新方向和新形态。目前，分布式发电已取得较大进展，但仍受到市场化程度低、公共服务滞后、管理体系不健全等因素的制约"。

显然，基于分布式存储的区块链技术，非常适合建立分布式发电市场。如图6-14所示，区块链共享、可信、可追溯的特点，使其在能源交易和清结算领域具备显著的优势。在一个包括电厂、售电公司、电网、用户、交易中心等交易主体的电力市场上，可以利用区块链在这些主体间定制交易智能合约,在合约中写入交易的清结算规则,并在市场上进行匹配和自定义。利用分布式网络实现分布式的电力能源调度,通过光伏设备实时发电写入智能电表并上链,即可实时购买,不仅能够提高效率,还可以更好地保护机密信息。可以在电网内部建立私有链,打通各个环节,提高数据的透明度和可审计性,优化数据的录入、存储,提高清结算效率;也可以建立以电网为主体的联盟链,将电厂、售电公司、电网、用户等链接起来,用户从接受电网单一垄断价格变为自主选择供电,发电方和用电方均可降低能源消耗,节省成本,将整个售电流程扁平化、自动化、透明化。

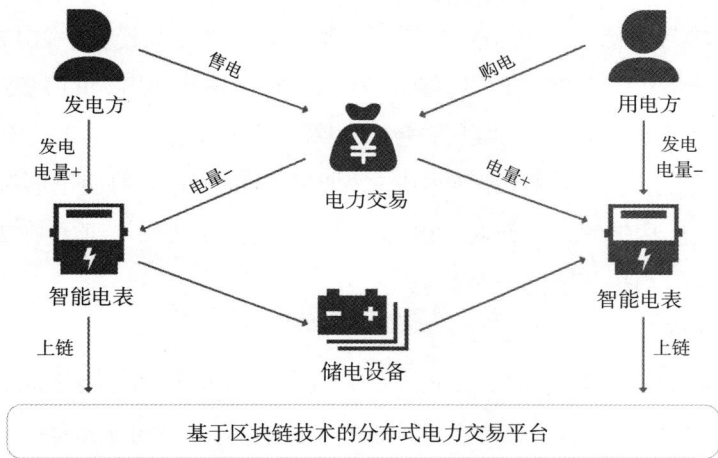

图6-14 链博科技基于区块链技术的分布式电力交易平台

4. 简化中间流程,增加效率

引入区块链技术,可以打通各部门的数据,简化流程,提升效率,节省成本,同时也能够保护数据的安全和不可篡改性。

例如,在浙江嘉兴海宁的光伏补贴发放过程中,地方补贴需要由地方政府发补贴通知,电网公司将数据打印盖章提供给地方政府,同时让用户提供发票、电网公司盖章证明等相关佐证材料,地方政府核对材料无误再发放补贴。整个过程中,电网公司需要盖章,工作量巨大;政府部门需要人工核对电网公司和用户提供的数据,工作量大、业务流程长;用户要提供纸质材料给政府,用户体验差。而应用区块链后能够解决当前补贴流程中需要大量线下工作的问题,实现客户补贴申请"一次不用跑",提升审核效率，降低政府、电网公司的工作量。

五 区块链+电力能源应用案例

1. TransActive Grid

该项目启动于2015年，由美国能源公司LO3 Energy与区块链公司Consensus合作。该项目认为分布式光伏的电压等级比较低，电力经不起远距离运输消耗，因此应基于本地的能源区块链网络实现用户和发电者之间的电力交易。该项目将布鲁克林区的总统大道一侧5个家庭的剩余太阳能转为电能，然后出售给对面5个家庭，实现点对点的交易模式。2017年该项目推出了升级版，智能代理设备可以帮助用户做出购买电力的决策。

该项目基于以太坊，通过智能合约驱动光伏微电网内的电力交易。在该项目的概念设计图中，用户可以清晰地看到自己的电力使用情况，以及邻居的电力出售情况，从而对自己的电力购买进行判断。该项目在2016年4月已经完成了第一笔电力交易。

2. TenneT

2017年，荷兰电力公司TenneT公司在德国与电池供应商Sonnen合作，使用IBM的区块链软件建设了一个分布式智能电网。Sonnen为房主提供电池，不用电的时候可以储存电力；而这些电池是联网的，它将家庭设备变成了电网基础设施的一部分，而不仅仅是一个用电终端，从而节省输电运营商在网络管理上的昂贵费用。

在荷兰，TenneT与可再生能源供应商Vandebron Energie B.V.合作。后者将小型能源生产商（如农民）与有能源意识的消费者链接起来。Vandebron Energie B.V.有着超过100 000的客户量，其中，许多客户也在家中为自己的电动汽车充电，而TenneT则可以从Vandebron电网获取电能。这个过程对车主来说是透明的，车主只需像往常一样给汽车充电，如果TenneT需要使用该电网上的电能，车主则会得到赔偿，而每一笔交易都会由区块链进行记录。

在这两个项目中，区块链技术使TenneT能够促进信任。二者均可通过安全分类账中记录的数千笔交易来管理他们的分布式设备网络及其与客户的关系。TenneT 与 Vandebron 和 Sonnen 通过用户的互动制定价格，这种方式让所有参与者都成为能源合作伙伴，而不是由 TenneT 管理消费者，这种做法增加了客户忠诚度和参与度。TenneT 还预计，Sonnen 和 Vandebron 的区块链项目实施将鼓励其他能源公司和聚合商进入新的众包能源市场。

3. 国网山东菏泽供电公司和枣庄供电公司区块链项目

国网山东菏泽供电公司项目是针对当前电力交易市场在厂网购电费结算过程中出现的结算流程不透明、数据时效性差和追溯难等问题，研究出的区块链技术与厂网购电费业务相结合的优化方案。它将提高部门间数据交互能力，提升数据流透明度，减少重复沟通，为打造"枢纽型、平台型、共享型"企业夯实数字化基础。

国网山东枣庄供电公司项目，针对的是旧管理系统无法满足大量增加的光伏结算需求、无法提供竞价交易相关服务等现状，创新设计的一套清洁能源交易结算的信息化解决方案。它可以完成分布式光伏电量在不同主体间交易、定价、结算等功能，实现电量的智能化市场竞价交易与即时结算，有效解决财务数据安全、数据篡改、历史追溯、有效监管、交易信任等方面存在的问题。

4. 上海市电力公司智财务管理体系

数字经济时代，国网上海市电力公司积极创新，运用区块链等新技术进行财务管理变革和模式创新，打造"智财务+电益链"的智财务体系，加速财务转型升级，助力国网上海市电力公司的高质量发展。上海电力围绕"优化、整合、创造"的原则，马不停蹄开展打造"智财务"体系建设工作，助力公司进一步提质增效。

目前"智财务"体系建设已取得一定的成果。比如，区块链技术和人工智能的光伏结算微应用和"智税云+机器人"已在物联网得到广泛应用。当前，上海有 2.2 万光伏上网用户，且保持年均 20% 以上的增长。上海电力通过引入区块链、人工智能、大数据、机器人等技术，对光伏业务全场景梳理，优化营销财务业务、数据交互流程，减少各环节数据传递过程中产生的风险，同时极大地提高工作效率。

在开展"智财务"体系试点建设工作的上海电力奉贤分公司，通过发票智能交收终端，原来核对3000户自然人用户或100户企业用户票面信息需要240分钟，现在机器人收票自动处理仅需约30分钟。这些改变为光伏业务节约了十几个岗位，也为后续工作的推广树立了典型。

此外，区块链金融业务平台也是上海电力瞄准的一个新方向。按照构思，上海电力将搭建"电益链"——一个将上海电力公司、电力用户、设备供应商、金融机构等多方价值需求链接在一起的载体。首批选取光伏用户和大型设备供应商上平台，通过多方的不断磨合，找到和谐共赢、信用共享的体系，在这个过程中可以迸发出意想不到的多赢商业模式。

电益链的搭建，将上海电力公司的信用价值实现链上传递，既解决了各级供应商融资难、融资慢、融资贵的问题；又通过与优质金融机构的合作，形成新的业务与盈利模式，为公司找到了新的经济增长点。在扩大电力物联网的外延的同时，加强了公司对供应链上下游的领导力和控制力，形成一个多方共赢，更好地服务社会经济发展的新局面。

虽然对于普通人来说，在日常生活中并不会每时每刻都体会到电力能源的重要性，但是一旦电力能源出现问题，所造成的影响将会是每一个人都能深切感受到的。作为一个基础行业，电力对整个人类的重要性不言而喻，因此，目前正处于变革期的电力能源行业，非常需要区块链技术对其进行安全优化和分布式改革。

同时，能源危机已经在全世界初具苗头，环境保护和能源规划是全人类共同的责任，而在这项工作上，区块链技术也可以发挥自己的优势，做出相应的贡献。因此，我们期待区块链技术能在电力能源行业发挥最大的作用，造福整个人类。

第四节　区块链+国际贸易

国际贸易，指的是跨越国境的货品和服务交易。国际贸易的历史源远流长，而随着全球生产力的发展和交通条件的成熟，国际贸易规模在过去的几个世纪里得到了飞速的发展。由于各个国家的自然条件、经济结构、生产能力不同，造成部分物资无法自行生产，这时国际贸易起到了重要作用，甚至能够影响一个国家的整体经济。

对于中国来说，国际贸易也是国民经济的重要组成部分。2013年，中国超越美国成为第一贸易大国，贸易规模持续扩大。在全球一体化持续深化的背景下，区块链技术如果应用其中，将会有很大的施展空间。

一 国际贸易发展现状

1. 规模平稳上涨

如图6-15所示，根据我国海关总署的统计数据，自1981年有相关统计数据以来，我国外贸进出口总值持续上涨，其中仅有4年下跌；但在2012年及其之后增速放缓，并在2015年和2016年间出现负增长。2019年，受贸易摩擦等因素影响，经济合作与发展组织预计2020年世界经济增速将下滑至十年来最低水平。尽管世界经济增长放缓，贸易保护主义持续升温，但我国外贸仍然保持了较强韧劲，2019年全年外贸进出口总值为31.54万亿元，再创历史新高，相比2018年的30.51万亿元增长3.4%。

（亿元人民币）

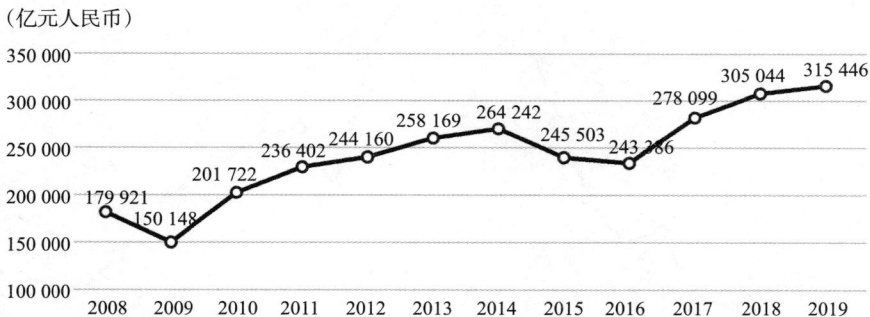

图6-15　2008—2019年我国贸易进出口总额

从世界范围上看，如图6-16所示，根据世界银行数据，世界进出口贸易总额虽然在2008年金融危机后，以及2015、2016年出现短暂的下滑，但在近二十年内仍然保持稳定增长。

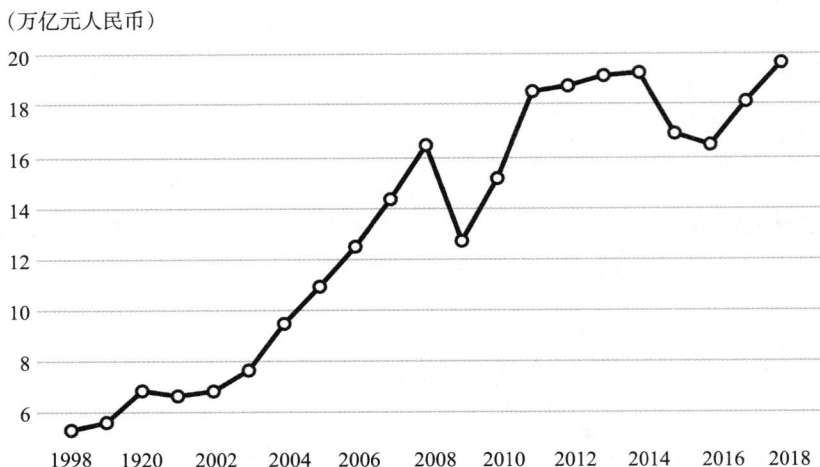

图6-16　1998—2018年世界进出口贸易总额

2. 贸易占GDP总值回落稳定

如图6-17所示，根据世界银行数据，1998年以后，商品贸易占GDP的比值开始迅速上升，至2006年达到峰值，约为64%；其后比值开始回落，2016年开始趋于稳定，保持在33%左右。

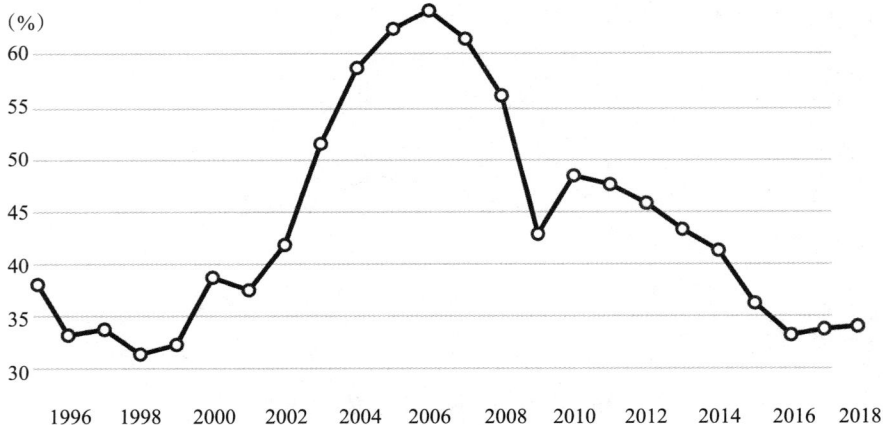

图6-17　1996—2018年我国商品贸易占GDP比例

3. 营商便利指标排名低

我国虽然已经成为第一贸易大国多年，但营商便利指标排名一直较低。在全球190个经济体中，2017年我国排名第78位，2018年排名第46位。对此，2018年10月，国务院印发《优化口岸营商环境促进跨境贸易便利化工作方案》，对跨境贸易提出了更高要求。文件主要围绕"减单证、优流程、提时效、降成本"提出了20条具体措施，明确提出要对标国际先进水平，创新监管方式，优化通关流程，提高通关效率，降低通关成本，营造稳定、公平、透明、可预期的口岸营商环境。

经过努力，在世界银行于2019年10月发布的《2020年营商环境报告》中，我国的排名上升到第31位，并连续两年跻身全球营商环境改善最大的经济体排名前十，并在多项单项上取得好成绩。但是，在纳税、获得信贷，尤其是跨境贸易一项上，中国排名仍然落后。显然，尽管持续进步，但目前中国的贸易环境仍然与自身世界第一贸易大国的地位不符。

二 国际贸易行业特点

1. 情况复杂，标准不一

国际贸易由于链条涉及两个甚至多个国家，商业活动将面临不同语言、文化和经济社会基本状况的考验。一方面，这为商业活动中的沟通、谈判增加了难度；另一方面，不同国家和地区的不同法律、政策也给商业活动提出了不同的要求，需要贸易活动去适应当地政府的规定。相对于其他行业只需要遵守一套规则来说，国际贸易需要适应多套规则，并在多套规则中取得平衡，走出最优路径。

2. 影响因素多，影响面大

国际贸易由于链条长、涉及面广，也容易受到各种因素的影响。国际形势、战争、政策变化、经济动荡，这些都可能对国际贸易造成严重影响。另外，由于国际贸易链条可能涉及多个国家，只要其中一个国家出现影响因素，均可能对整个贸易链条产生重大影响。因此，国际贸易具有相对更多的不确定性因素，影响也较为剧烈。

以本次新冠肺炎疫情为例，中国遭受的疫情对全球供应链都造成了影响。汽车行业由于涉及零部件种类多，可谓首当其冲，如，2020年2月4

日，现代汽车逐步暂停其韩国工厂的生产工作；雷诺汽车于2020年2月7日表示，韩国子公司RSM位于釜山的工厂将从2020年2月11日开始持续停产四天；从2020年2月14日开始，日产将暂时关闭其位于日本西南部九州岛屿的工厂；等等。另外，服装、钢铁、木材等多个行业的全球贸易都遭到了不同程度的影响。

随着新冠肺炎疫情在全球的多个国家暴发，该种效应还会进一步增强。

三　国际贸易行业发展痛点

1. 中小进出口贸易企业融资难

国际贸易融资相对于普通信贷行为，具有自己的特点。由于资金用途和还款来源都比较明确，并且有作为抵押的相关货权、单证，金融机构在办理此项业务时风险较小，期限相对较短，从而在实际操作中，对企业进行审查时可不再使用传统的评价指标，而对该笔贸易是否真实可靠及企业的历史信用状况有更高的关注。如此一来，实际上给予了企业相对宽松的融资条件，降低了企业的准入门槛。从而使中小进出口企业在融资时，公司规模、固定资产抵押等劣势的条件不再为融资活动带来难度，而是可以通过真实背景的贸易单证以较低利率的融资成本获得资金融通。

但在我国的实际操作中，情况却大不一样。据人民网数据，2018年中国进出口贸易突破30万亿元。其中，中小企业贡献跨境贸易的60%，但是有35%的中小企业贸易融资被拒，这说明中小企业在外贸中依然面临巨大的融资难题。

出现这样问题的原因，主要在于我国在这方面的起步较晚。根据统计，全球贸易额的80%都会被企业通过一定方式手段进行融资，而在我国这一比例才达到20%，与国际上相差甚远。因此，我国的贸易融资需求还存在很大的发展空间。我国从20世纪90年代开始，银行的国际贸易融资业务才开始起步，目前在实务中，银行提供服务的仍然是以传统方式的国际贸易融资为主，而非国际上常用的国际保理业务、结构性融资工具等。

在这样的传统贸易融资模式下，一方面，中小企业规模小、资金少，管理不够规范，信用信息匮乏，尤其是个别企业资信较差，这些弱点依然会严重影响中小企业的融资能力，以致银行往往对中小企业跨境融资持谨慎态度。另一方面，金融机构由于难以获得贸易相关信息、贸易真实性验证难，欺诈风险大，缺少核查质押物真实性的有效、便捷渠道，想贷而不敢贷，导致办理相关业务的意愿也不高。

2. 国际贸易结算成本高

在跨境贸易中，由于各个国家的政策不同，在实际操作中可能会遇到相当复杂的情况，因此清关、税务、退件等问题一直困扰着跨境物流企业。国际贸易结算主要分为汇付、托收和信用证三种，而在其结算过程中，会产生四种成本。

一是汇兑成本。世界上除了统一流通货币的地区外，进行国际结算时都需要进行货币的汇兑。因此，在此汇兑过程中，不可避免地将产生汇兑成本。

二是银行结算费用。银行办理国际结算业务是有偿的，各银行间业务资费会不同，银行也是通过这种收费来实现自己的收益的。银行通常采用汇付、托收、信用证或者这三种结算方式相组合的结算方式。以印度市场做跨境电商清结算的主流传统跨境汇款方式——电汇为例，除了中间银行会收取一定手续费，环球银行金融电讯协会（SWIFT）也会对通过其系统进行的电文交换收取较高的电讯费，如在我国通过中国银行进行跨境汇款会被收取单笔150元的电讯费。

三是时间成本。一般情况下，汇付耗时最短，大概3个工作日可到账；托收和信用证的耗时则根据交易双方的约定或者信用证约定而定。以国际贸易中常见的信用证为例，以第三方的方式保证买卖双方的利益，但在实际操作中相当烦琐，需要将出口单据等通过邮寄的方式在进出口双方银行和客户之间进行传递。除了中途有丢件的风险外，贸易单据造假也时有发生，处理时间上有时可能需要耗时长达1个月。

四是结算风险应对成本。风险控制是进出口企业在进出口贸易的国际结算业务中应时刻警醒的。只有防患于未然，才能安全顺利地完成进出口贸易项下的国际结算。国际结算的主要风险来源于：①国别风险，国家之间的关系非常复杂，可能因为多种原因造成风险；②外汇风险，外汇市场波动，会给企业的进出口业务带来巨大的损失，需要进行排除；③付款人的信用风险，进口企业的资信调查在我国还相对薄弱；④其他的技术风险，包括参与国际结算工作人员操作中造成的失误等。

3. 跨境商品难溯源

如图6-19所示，相对于境内贸易，跨境贸易的商品由于生产、运输、销售链条涉及不同国家，更加难以监管与把控，在出现问题后也难以定位问题环节与责任人。海运加陆路的物流承担了绝大部分跨境贸易交易量，其周期长且往往会经历多次转手，这些都增加了货物数量、安全性和质量保证的监管难度，经常出现物流运输方和贸易方相互指责，却无法追踪确权的问题。

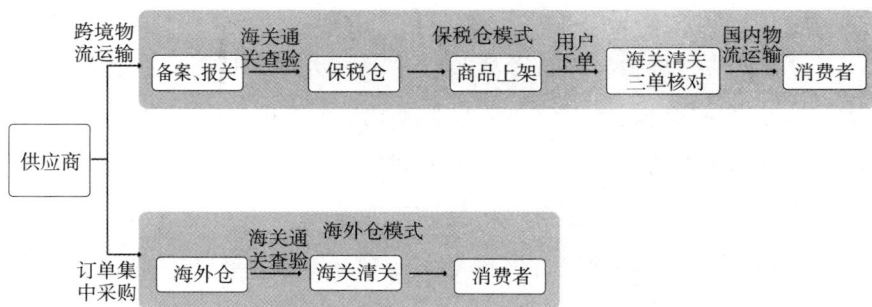

图6-19　跨境电商的两种模式

以跨境电商为例，根据经济合作与发展组织（OECD）2016年的电子商务商品安全工作报告，电商商品安全问题可概括为三类：一是禁止和召回的商品仍在线上平台销售，二是商品的标签和安全警告信息不全，三是商品不符合自愿性和强制性的安全标准。特别是第三类安全问题在跨境电商商品中尤为常见，对消费者的人身健康和安全造成了一定的损害，而其形成原因主要是因为订单的高频化与碎片化增加了监管难度。目前我国对进口B2C跨境电商商品质量的查验主要以抽查为主，部分问题商品可能成为漏网之鱼流入市场，如何判断商品质量的可靠性变得较为困难。

例如，2011 年日本福岛核泄漏事件发生后，中国禁止从日本福岛县、新潟县等 12 个地区进口食品、食用农产品及饲料。但据中央电视台披露，揭开贴在某茶饮料瓶身上的中文标签后，露出的是"东京都"字样；此外还有新潟县的大米、栃木县的麦片、东京都的果酒在市场上售卖，这些产品都来自国家有关公告中被禁止进口的地区。一位记者通过其在澳大利亚朋友的一家海外跨境电商注册了海外买手账号，随后从国内快递了一个约 400 多元的高仿手包到该朋友的手中，并在该跨境电商售卖，之后该记者又以 7000 元的价格在网店买到这个包，并在国内收到货品。新西兰的麦卢卡蜂蜜年产量只有 3000 吨，但在中国各电商的销售量一度超过 3 万吨，是原产地真实产量的 10 倍以上。

可见，在国际贸易中，相较于国内贸易，具有更多的环节和步骤。在国外商品采购、跨境物流运输、海关查验中，都面临着国内所没有的，以及更加多变、不确定性的环境，这些都大大增加了质量控制的难度。

4. 贸易链条参与方多，流程复杂

国际贸易全链条参与方众多，每一个环节都有不同的程序和制度，缺乏高效运行的协同能力，各参与方之间沟通成本和信任成本极高。这直接导致了国际贸易链条环节和流程的复杂和烦琐。例如，国际贸易手续和单证繁多，实际通关需要提供大概 15 个附件，这些单证往往是重复的。

一般来说，国际贸易报关工作的具体操作程序分为申报、查验、放行三个阶段。

（1）申报

相关企业首先需要填报申报清单，与此同时，还需交验有关的货运和商业单据。海关对诸种单证是否一致进行审核，通过审核后海关加盖印章，作为提取或发运货物的凭证。随报关单同时交验的货运和商业单据有：海运进口提货单，海运出口装货单，陆、空运运单，货物的发票，货物的装箱单等。如有必要，报关单位还应交验贸易合同、订货卡片、产地证明等。

（2）查验

除中华人民共和国海关总署特准查验的以外，出口货物都需要接受海关查验。查验的目的是核对报关单证所报内容与实际到货是否相符，有无错报、漏报、瞒报、伪报等情况，审查货物的进出口是否合法。海关查验货物时，要求货物的收、发货人或其代理人必须到场，并按海关的要求负责办理货物的搬移、拆装箱和查验货物的包装等工作。海关认为必要时，可以进行开验、复验或者提取货样、货物保管人应当到场作为见证人。

（3）放行

海关对出口货物的报关，经过审核报关单据、查验实际货物，并依法办理了征收货物税费手续或减免税手续后，在有关单据上签盖放行章，货物的所有人或其代理人才能提取或装运货物。

此时，海关对进出口货物的监管才算结束。可见，整个流程非常繁复，需要消耗大量的人力物力。虽然这些都是监管要求的必要步骤，但是也带来了诸多不便。

四　区块链在国际贸易中的应用

1. 帮助中小企业提升融资能力

区块链具有不可篡改的特性。金融机构借助区块链的属性特征，结合传统的风控手段，甚至将传统风控数据挪至区块链平台之上，区块链+传统风控相互加持，金融风控视角贯穿整个贸易过程，对企业的信任度大大提升；对资金、货物、货权的把控力度大大提升；对资金、货物、货权的安全性整体加大。

区块链可以打通数据孤岛，消除信息不对称现象。通过建立银企间端对端的可信信息交换和有效核验、银行间贸易融资信息实时互动等机制，实现资金收付、质押物凭证、融资申请、放款等在内的多种信息共享，进行融资业务流程优化再造，便利银行快速准确办理企业融资项目审核和信贷授信查证，助力缓解中小企业融资难、银行风控难等问题。

2. 实现即时跨境结算并降低成本

区块链技术通过真实透明、不可篡改的特性，可以在无须第三方介入的前提下，成为建立信任的工具。通过区块链技术进行支付、结算和清算，完全无须经过中间机构，避免了转账产生的手续费，甚至连支付也不会受到时间限制，可实时到账。

如图6-20所示，传统的跨国结算方式需要经过中央系统来进行。目前最常用的国际结算中心系统是全球银行间金融电信协会（SWIFT）—— 一家全球性的金融通信组织。SWIFT与200多个国家和地区的 11 000 多家银行及证券机构等金融机构建立了联系，该网络每天处理的报文超过1500万条。SWIFT不仅存在效率落后、成本高昂的情况，还存在中心化风险。2012年，为实行对伊朗的制裁，美国禁止其他金融机构与伊朗中央银行或其他银行通过在美国开立的账户进行金融交易，SWIFT组织立马配合切断了与伊朗的支付通道，造成了相关国家企业巨大的损失。

A国
付款方/银行　　　支付系统　　　支付系统　　　中央系统

支付系统　　　支付系统　　　B国
　　　　　　　　　　　　　　付款方/银行

图6-20　中心化跨境支付系统

如图6-21所示，通过区块链技术，将支付系统去中心化，避免了所有交易都要通过中心化系统进行而造成的拥堵。区块链跨境支付系统使用全部节点共享的方式，可以实现7×24小时、接近实时的跨境交易服务，并且大大降低了中心化系统所需要的成本。

A国
付款方/银行　　　支付系统　　　区块链跨境支付系统　　　支付系统　　　B国
　　　　　　　　　　　　　　　　　　　　　　　　　　　　　　收款方/银行

图6-21　区块链跨境支付系统

同时，使用区块链技术进行同样的结算，双方就可以将以往需要纸质传递的单据，如船单等正本单据通过区块链技术实现加密电子传递。这样可以极大地简化流程，减少人力劳动所需的时间，提高效率，为企业节省资金和时间成本。

3. 加强跨国商品溯源能力

在供应链里通常有"三流"，即物流、信息流和资金流。对于溯源来讲，前两者更为重要。首先是物流，即商品从出厂离开生产线以后，一直到终端消费者手中，整个链路里经历的所有物流。其次，能保证消费者收到的商品确实是从工厂和生产线下来的商品，这就是信息流。这个链路记载着商品流通的各个环节直到消费者手中，通常电商平台对这个过程都有信息流追溯，但如何保证信息的真伪也成为困扰消费者和企业的一个难点。所以，要保证跨境商品溯源的准确性，首先就要保证物流、信息流环节的溯源真实有效。

如图6-22所示，通过区块链技术，可以很好地解决信息流环节的真实性与有效性问题。将关键数据加密上传到区块链，自动对所有的关键信息进行比对，形成共识后将该交易信息分布存储在所有节点上，就可以完整跟踪一单跨境贸易的交付过程。这些流程包括签订合同，出口国境内委托承运（包括海陆空运）、仓储、通关，进口国境内承运、结算、融资、保险

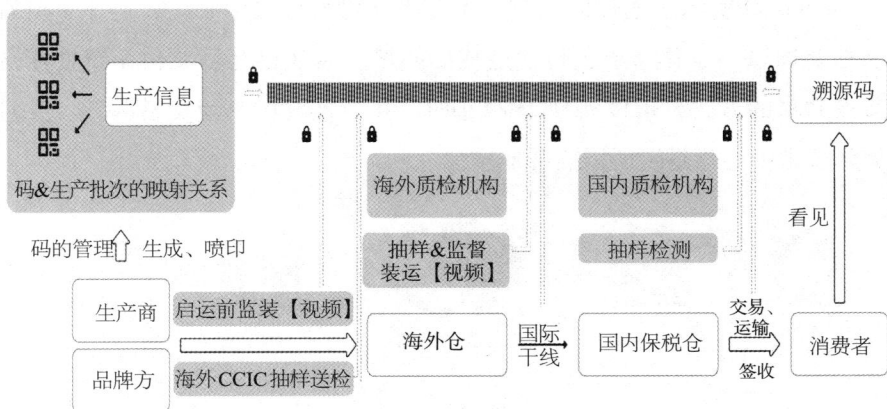

图6-22 基于区块链的跨境商品溯源

及缴付关税等环节，并伴随着随附单证产生了关键数据，如品类、数量、价值、重量、单位、物理性状等。

通过这种共识效应、不可篡改和可回溯特性，跨境贸易利益相关方避免了赔付、贷款、交税等环节产生差异，形成对可信数据一致性的认可，一旦出现问题，即可实现可追踪、可确责。消费者也可以查询验证自己所购买的跨境商品，看到跨境进口商品的物流全链路信息。

4. 简化流程，增强效率

区块链打通各参与方的数据，企业提交一次相关资料和单据，数据即可实时上链，各环节均可进行调用，从而避免重复提交。从海外采购、物流订舱、海上运输到港拆箱、入保税仓等所有环节信息在报关的时候不需要企业再重复提供，大大减少人为操作，同时还可以避免传递中造成的错误或遗漏，保护数据一致性，提升了整个业务流程的效率，减少了沟通成本。

在以上环节中，物流是一个重要的简化环节。在跨境物流中，效率问题尤其突出。全球航运业涉及 50 000 多家商船和多个海关监管货运通道，根据埃森哲物流报告统计，从东非到欧洲的冷藏货物的简单运输会经过近 30 个环节。这些利益方之间有 200 多种不同的交互和通信方式，而这些方式大多数需要通过手工输入和纸质文件来进行，这大幅度降低了物流的效率，增加了物流的成本。

通过区块链技术，可以在不损害各利益方商业利益的前提下，打通运输环节中不同的人和组织，以及其涉及的交互和通信方式，避免不同利益方之间因为信息系统的不同，需要在各个环节分别经历"接收纸质文件—手工输入系统—信息内部流转—输出纸质文件"的重复步骤，大大简化流程，提高效率。

五 区块链+国际贸易应用案例

1. 国家外汇管理局跨境金融区块链服务平台

该平台于 2019 年 3 月推出，并率先在 9 个省（自治区、直辖市）及 14

家法人银行试点。2019年11月，该平台再次扩容至9个省（市）。截至2019年11月20日，平台累计完成应收账款融资放款金额折合美元82.14亿（其中，人民币62.75亿元），服务企业共计1590家，其中中小企业占比约70%。自愿自主加入平台的法人银行达160多家，约占全部办理外汇业务银行的1/3。2020年1月，在全国外汇管理工作上，外汇管理局再次要求推进跨境金融区块链服务平台建设。截止到2020年2月3日，超过170家法人银行自主加入，平台累计完成融资放款159亿美元，服务企业近2500家，其中中小企业占比75%。2020年春节假期以来，平台累计完成融资放款171笔，共计2亿多美元，服务企业87家。

2. 京东"跨境溯源联盟"

2017年7月25日，京东跨境物流携手多个合作伙伴，共同发起成立"跨境溯源联盟"。该联盟发起方包括国家检验检疫总局、海关总署等国家监管单位，沃尔玛、好奇、达能、莎莎、Ratuken、eBay精选等20大全球知名品牌商和K&N、Agility等国际性的物流服务商等合作伙伴，以及来自美国、德国、日本、法国等全球热门的跨境电商商品输出国，商品覆盖母婴、个护、食品等主要进口品类。

而在《京东区块链技术实践白皮书2019》中，也专门针对跨境商品溯源进行了阐述：京东联合品牌商，将跨境商品流通全过程打通，将海外运输、保税仓仓储、海关报关、检验检疫局报检、国内运输等信息整合写入区块链网络，确保每一个环节的信息不可被伪造和篡改，最终展示给购买跨境商品的消费者。让消费者充分地了解商品的来源途径、政府监管记录、运输过程等，给消费者提供了一个放心购买跨境商品的环境。通过与跨境链条上各方的合作和共同努力，减少非正规商品和假货的流入，为跨境企业的合法利益提供了保障。

3. TradeLens：马士基与IBM联合推出的区块链项目

TradeLens成立于2018年1月，其解决方案旨在消除基于纸张的流程，加快贸易和海关验证。目前，已经有11家政府机构、全球前六大海运公司中的5家等合计100多家企业、港口、政府机构加入该系统。根据TradeLens官网统计，截止到2020年2月，该系统已经追溯了超过150 000 000件货品，产生了400多万份文件，处理了270万个以上的集装箱。

如图6-23所示，TradeLens通过区块链底层技术构建平台并对企业、港口、政府机构等开放API。运输公司、第三方物流、联运方、港口、海关、金融机构均可接入该API。

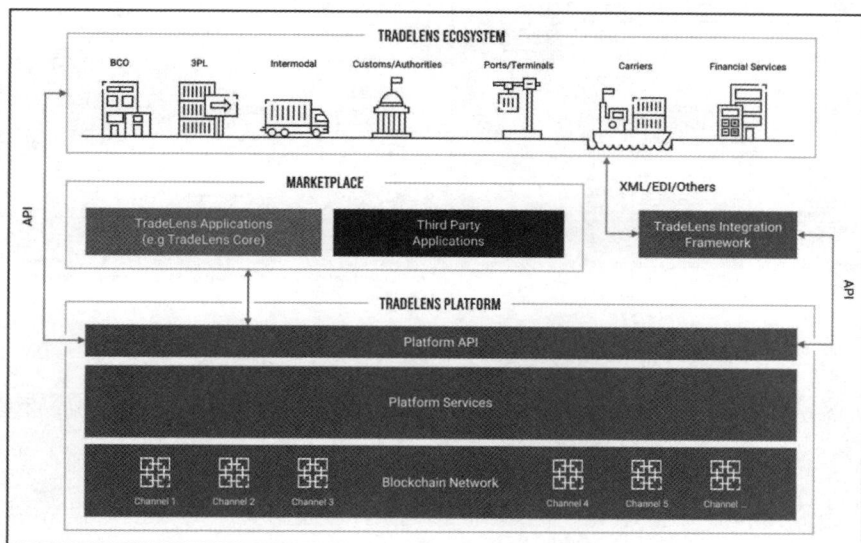

图6-23　TradeLens系统设计

在TradeLens的系统中，区块链技术被用于解决信任问题，提供真实信息的共享视图以及不可篡改的审计跟踪。TradeLens使用的是IBM区块链平台。该平台基于Hyperledger Fabric超账本结构，是一个开放源代码许可的区块链，其中，每个被称为"信任锚"的成员，基于其加密身份，都对整个网络处于公开状态。

基于此，TradeLens提供了一套可视化的界面，为运输管理者提供去纸张化的快速流程，如图6-24所示。

在阻碍人类相互理解、相互协作的因素中，国别因素由于内生包含了语言、文化、制度的差异，成了最难克服的因素之一。国际贸易正是应对着这种困难而不断发展起来的。虽然世界贸易规模仍然在不断增加，但全球经济形势的不稳定、贸易摩擦等，都让国际贸易随时面临着巨大的困难。在这种前提下，区块链技术在国际贸易中有着广阔的用武之地。

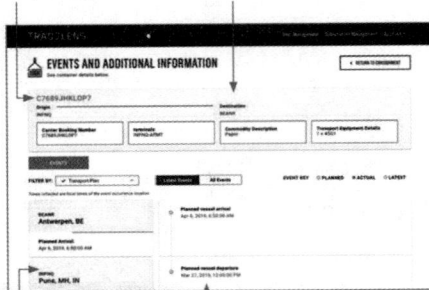

图 6-24　TradeLens 电子填报

区块链技术在融资、结算、溯源、效率等方面都可以对国际贸易起到作用，但是我们更希望随着区块链技术的进一步成熟，可以更多地在组织协作方面发挥作用。毕竟，问题的根源在于沟通与协作的失位，世界要变得更平等、更公正，还需要长久的努力。

● ● ● ● 第五节　区块链+政务、区块链+公益 ● ● ● ●

政务服务是指各级政府、各相关部门及事业单位，根据法律法规，为社会团体、企事业单位和个人提供的许可、确认、裁决、奖励、处罚等行政服务。政务服务事项包括行政权力事项和公共服务事项。

政务服务是国家、社会运转的重要结构与制度，与社会生活中的每个人都息息相关。随着政府治理水平的不断提高，以及互联网的愈发成熟，我国政务服务的效率和便捷程度也在不断上升，同时，政务服务呈现出线上化、一体化的发展趋势。我国政务服务正在通过技术+制度两个方面，秉承着"让信息多跑路，让群众少跑腿"的宗旨，大力加快建设全国一体化在线政务服务平台，推进各地区、各部门政务服务平台规范化、标准化、集约化建设和互联互通，推动实现政务服务事项全国标准统一、全流程网上办理，促进政务服务跨地区、跨部门、跨层级数据共享和业务协同，并依托一体化在线平台推进政务服务线上线下深度融合。

随着社会文明的进步，公益慈善事业的重要性也越来越强。公益，指公共的利益。公益活动是现代社会条件下的产物，是公民参与精神的表征。公益活动生产有利于保障社会公共安全，有利于增加社会福利的公共产品或服务。公益活动是现代社会的重要组成部分，是社会保障和弱势群体救助的重要环节，也是人类精神的体现。

目前，我国公益慈善事业发展迅速，已经成为社会发展和国家治理中不可或缺的力量，并逐渐规范化、法治化。但是，我国目前的公益事业仍然面临着管理粗放、专业人才匮乏、教育滞后等问题。

一 政务、公益的发展现状

1. 政务服务：线上化、一体化

2018年7月，国务院印发了《关于加快推进全国一体化在线政务服务平台建设的指导意见》，要求在坚持全国统筹、协同共享、优化流程、试点先行、安全可控等原则的基础上，加快建设全国一体化在线政务服务平台，推进各地区各部门政务服务平台规范化、标准化、集约化建设和互联互通，形成全国政务服务"一张网"，并在2022年年底前建成以国家政务服务平台为总枢纽的全国一体化在线政务服务平台。要求全国范围内政务服务事项基本做到标准统一、整体联动、业务协同，除法律法规另有规定或涉及国家秘密等外，政务服务事项全部纳入平台办理，全面实现"一网通办"。文件中还对政务服务一体化和公共支撑一体化提出了具体要求，推动实现政务服务事项全国标准统一、全流程网上办理，促进政务服务跨地区、跨部门、跨层级数据共享和业务协同。

2019年4月，国务院再次印发了《关于在线政务服务的若干规定》，再次对政务服务相关内容进行了相关规定，例如文件第七条规定："行政相对人在线办理政务服务事项，应当提交真实、有效的办事材料；政务服务机构通过数据共享能够获得的信息，不得要求行政相对人另行提供。政务服务机构不得将行政相对人提交的办事材料用于与政务服务无关的用途。"

在国家政策的推动下，我国政务服务水平正在稳步发展。根据2019年8月发布的第44次中国互联网络发展状况统计报告，截止到2019年6月，我国在线政务服务用户规模达5.09亿，已有297个地级行政区政府开通了"两微一端"等新媒体传播渠道，总体覆盖率达88.9%。在一体化方面，自2019年5月国家政务服务平台上线试运行以来，累计访问量达2.22亿次，实名注册用户1049.6万，为地方政府提供实名身份核验3385万次，电子证照调用共享服务286万次。

同时，政府网站数量逐年缩减，避免重复、冗余。如图6-25所示，2019年6月，政府门户网站和部门网站的数量约缩减到了2016年6月的25%。

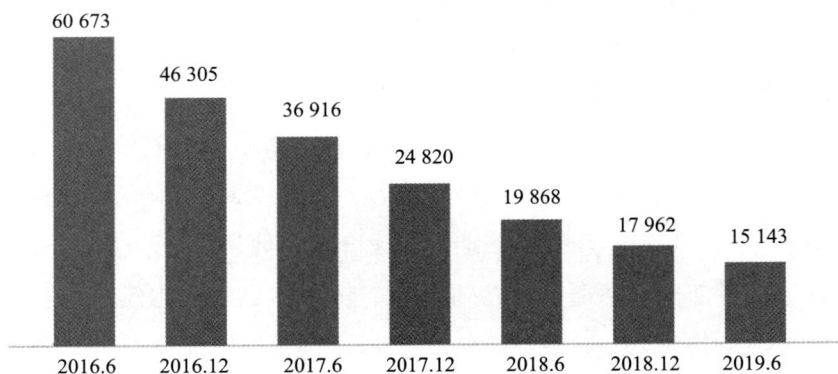

图6-25　2016年6月—2019年6月我国政府网站数量

2. 公益慈善：增长与规范化

随着我国经济水平的提高以及公益慈善意识的提升，我国公益慈善事业得到了较快的发展。如图6-26所示，据《慈善蓝皮书：中国慈善发展报告（2019）》，2013—2017年，社会捐赠总量从954亿元增长到1526亿元，增幅近60%。2018年，社会捐赠总量出现了明显下滑，这是因为受政策影响，监管趋严，民政系统接收捐赠呈现收紧态势。这一方面说明，我国的公益事业正在快速发展；另一方面则说明，我国的公益事业正处于一个规范化的转型期。

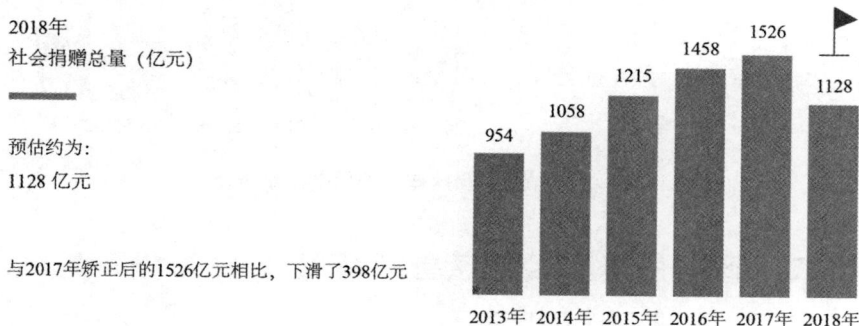

2018年
社会捐赠总量（亿元）
——

预估约为：
1128亿元

与2017年矫正后的1526亿元相比，下滑了398亿元

| 954 | 1058 | 1215 | 1458 | 1526 | 1128 |
| 2013年 | 2014年 | 2015年 | 2016年 | 2017年 | 2018年 |

图6-26　2013—2018年社会捐赠总量

据《慈善蓝皮书：中国慈善发展报告（2019）》，2018年年底，中国社会组织总数量超过81.6万个，其中社会团体36.6万个，社会服务机构44.3万个，基金会数量达到7027家。三类组织总增速在7%左右，其中基金会增速在三类组织中依然最快，但增速下滑，原因主要在于重监管、严登记的政策设计，但是社会组织登记开放的总趋势不会发生改变，而且重点会向基层倾斜。

2018年度中国志愿者总量约为1.98亿人，约占全国人口的14%。其中，注册志愿者14 877.88万人，非注册类志愿者4932.88万人，活跃志愿者6230.02万人。活跃志愿者总数与全国人口总量之比，反映了公众每年实际参与志愿服务的人口比例。2018年度我国从事有组织的志愿服务参与率为4.50%，比2017年增长0.1%。

全国活跃志愿者在2018年度贡献志愿服务时间总计为21.97亿小时，比2017年度增加4亿小时，增长率为22%。如图6-27所示，2018年度志愿者贡献总价值为824亿元。其中，注册志愿者贡献价值为188亿元，非注册志愿者贡献价值为636亿元。

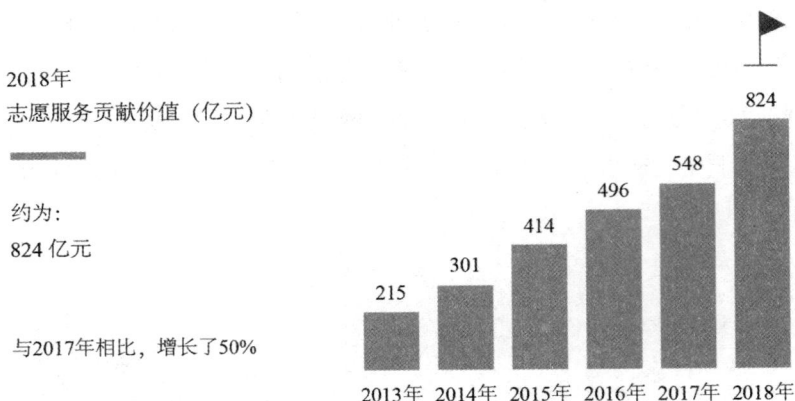

2018年
志愿服务贡献价值（亿元）

约为：
824 亿元

与2017年相比，增长了50%

图6-27　2013—2018年志愿服务贡献价值

二　政务服务和公益慈善的特点

1. 非营利性

与其他行业不同，政务服务与公益慈善的主要目的是社会性的，而非营利性的。因此，相对于其他行业以商业成果作为主要衡量指标，政务服务和公益慈善的考察维度有着明显的差异。

由于没有商业压力，政府机构和公益机构的自我提升动力需要更加倚仗行政力量、公众监督、制度约束与技术规范。这无疑对政务服务与公益慈善工作的透明度提出了更高的要求。

2. 高社会关注度

无论是政务服务还是公益慈善，向来都是社会公众关注的焦点。社会公众希望政务服务能够快捷、公平，希望公益慈善能够高效、透明。如果在政务服务、公益慈善中出现徇私、贪腐等负面行为时，会造成政府和相关机构的公信力的巨大损伤。

三　政务、公益发展痛点

近年来，我国的非营利事业取得了长足发展，但整体来讲，仍然难说尽如人意。以电子政务为例，如图6-28所示，据《区块链+政务应用蓝皮书（2019）》，2018年我国的电子政务发展指数EGDI为0.6811，在全球参与排名的193个国家和地区中排名第65，被分类为高EDGI国家。但该指标比起分类为EDGI非常高的国家差距明显，且纵向来看，2003—2018年，我国在该项指标上的进步并不明显。

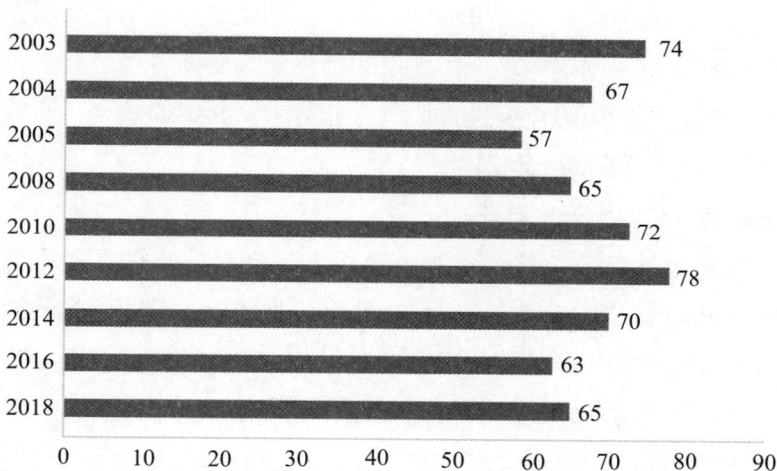

图6-28　2003—2018年我国EDGI指数排名

由此可见，在政务服务领域，我国仍然有很长的路要走。而在公益领域，相关丑闻仍然是影响公益事业发展的最大阻碍。这些丑闻极大地破坏了公益事业的公信力，而且这种破坏所造成的影响是非常难以修复的。

1. 数据孤岛

数据孤岛问题是影响政务服务效率的首要问题，同时也对公益事业有着不利影响。由于政务服务和公益事业都涉及多主体、多部门协作，在现有制度和技术框架下，数据孤岛现象广泛存在。

从现实情况来看，我国的电子政务处在从整合型向平台型转变的时期，面临着数据孤岛、成本高昂、网络安全、效率低下、监管缺失等痛点，而数据孤岛无疑是这一系列痛点产生的重要原因。数据的无法互通，提高了沟通成本，降低了协作效率，也增加了监管的难度。目前，国家正在大力建设一体化政务平台，要求打通数据孤岛，但长期形成的数据孤岛，同样也要花费长时间和高成本进行打通。

政务部门之间的数据孤岛之所以产生，除了技术原因、数据安全原因外，行政原因也是其中的重要部分。而无论是哪一种原因，都无法在短时间内被彻底消除，因而，数据孤岛成了横亘在政务服务面前的最大困难。而在公益事业方面，数据孤岛现象仍然存在，影响着公益事业的效率，尤其是在突发性、集中性的公益事件中。以新冠肺炎疫情为例，武汉曾是相关公益捐赠的最重要受捐地之一，大量的捐赠者、受助者、公益平台、资金和公益物资、中间渠道需要进行协调，非常考验其中的效率，而数据孤岛显然是其中一个重要的不利因素。

2. 不透明，公信力无法自证

对于政务服务与公益慈善事业来说，透明度都是非常重要的衡量目标。根据Gartner提出的5级数字政府成熟度模型概念，透明度和开放性是数字政府发展阶段的核心价值焦点；而对于公益事业，透明度则是监管部门、社会公众对公益活动进行有效监督的基础属性。

在透明度的建设过程中，相关机构可能会因为过往所产生的负面事件，影响自证能力，从而减弱透明度建设的成果。例如，我们从过往的一些公益事件中可以发现，公益机构做出的数据公示，可能因为人为因素或者工作失误失真。这样就形成了一个悖论，即使公益机构的透明度得到提升，公示了正确的数据，也无法有效自证自己所公示内容的准确性，从而无法达到预期的效果。

因此，透明度本身的提升，以及透明度提升之后的自证能力，这是相关机构塑造社会公信力、提升社会认可度所面临的两个难题。

3. 公益无生态，无激励

目前，我国公益事业的管理仍然普遍存在着功能过于简单、生态建设粗糙、联动性差等缺点。以志愿者管理系统为例，现有的志愿者管理系统，往往只有基础的志愿者登记、志愿项目发布等功能，管理粗放，形式简单。

我国公益系统缺乏对志愿者的激励。志愿者的志愿行为虽然出自自愿，但并不代表志愿者没有合理范围内的需求与更高层次的自我实现需求。而目前，对于志愿者的合理激励并不到位，这在一定程度上限制了更多人参与到志愿活动中来，也限制了参与后所做出的贡献度。

在不同类型的公益活动中，部分受助者并非因为身体缺陷等先天因素，或因为其他无法改变的客观条件而陷入困境，而是因为缺乏渠道、缺乏某些可以培养的技能而需要帮助。对于这部分受助者，公益活动更应该整合各方资源，将受助者纳入专门的模拟社会的生态系统中，通过生态系统内的渠道、技能培训、资源对接等方式，提升受助者的能力，而非简单进行不可持续的一次性救助。在这方面，公益系统的生态建设仍然较为初级，亟待提升。

四　区块链技术在政务、公益中的应用

在"10·24集体学习"中，习近平总书记特意提到了区块链技术在政务、公益方面的应用。他在发言中强调，"要探索利用区块链数据共享模式，实现政务数据跨部门、跨区域共同维护和利用，促进业务协同办理，深化'最多跑一次'改革，为人民群众带来更好的政务服务体验"，另外还专门提到了"要探索'区块链+'在民生领域的运用，积极推动区块链技术在教育、就业、养老、精准脱贫、医疗健康、商品防伪、食品安全、公益、社会救助等领域的应用"。可见国家对于区块链在政务和公益领域应用的重视。

而实际上，政务场景也是区块链技术最为成熟的落地场景。根据互链脉搏的统计，2019年全年，中国共披露区块链应用项目400个，其中政务领域达142个，超过金融的94个位居第一。这一方面是因为政务场景的区块链落地可操作性相对更强，另一方面也与"10·24集体学习"直接相关。区块链项目的数量在2019年11月出现了大幅度的增加：政务类项目在上半年仅有54个，全年却激增到142个；社会服务与公共事业的区块链项目也达到了44个。这说明区块链技术与公益的结合也是较为顺畅的。

1. 打通数据孤岛，促进政务服务一体化

区块链技术之所以能够与政务以及公益良好结合，一方面是因为区块链技术能够解决数据孤岛问题。根据国务院对于政务服务一体化的要求，

不仅要求"最多跑一次",也要求提交的材料数据不能被用于其他用途。区块链技术可以很好地解决数据共享与数据保护之间的两难难题:通过数据确权形成规范化,通过智能合约形成标准化、自动化和智能化。在基于区块链的政务平台上,多部门都可以在同一个平台上进行业务流程中所需的身份验证,但却无法成规模地对数据进行调用。这样,既避免了重复提交材料所造成的流程浪费,又有效保护了数据隐私。在此基础上,区块链技术能够简化政务服务流程,提高政务服务质量,大幅度优化政务服务体验。

另一方面,在公益领域,数据孤岛的打通也有利于公益活动中多主体的相互协作,提高公益活动效率,优化公益活动效果,从实处提升我国公益事业水平。

2. 可自证的公信力建设

公信力建设,是政府机构和公益机构所必须重视的问题,也是取得社会公众信任,提升治理水平的直接途径。而公信力建设中,非常重要的一点就是要接受社会公众的监督,如前文所述,首先必须要解决透明度、可自证两个难题。

在政务服务方面,政府信息公开是国家始终坚持的政务服务发展方向。《国务院关于加快推进全国一体化在线政务服务平台建设的指导意见》中指出,要"推动面向市场主体和群众的政务服务事项公开、政务服务数据开放共享",而区块链技术可以通过信息上链,有效加速这一政府信息公开化进程,保证数据的真实性、公开性、可查询。

在公益领域,区块链技术也可以重点解决公益活动的透明度问题。从捐赠人,到公益平台,到资金流,到物资运输,到物资接收,相关数据都可以在区块链上进行存储和追溯,避免出现人为篡改数据,或者因为工作失误而导致的数据披露错误。公益活动在透明度上的提高,有利于监管机构和社会公众对其进行监督,从而提升公益机构的治理水平和业务水平。

另外,区块链也能有效提高政府机构和公益机构的自证能力。"自证清白"往往是非常困难的事情,因此在法律上才会采用"疑罪从无"原则。相关机构想要构建社会公众的信任,实现自证,往往需要付出巨大的努力，建立起来的信任也相对脆弱，容易被破坏。而区块链技术排除了人的主观性，从技术层面实现了信息的不可篡改，构建了一个客观的技术证明方法，能够有效证明相关机构的公信力所在，切实提高了机构的自证能力，快速、稳固地建立起与社会公众之间的信任。

3. 加强公益激励，拓展公益场景

由于公益事业的强非营利性，且受到社会公众的强烈关注，导致公益事业在建设生态的过程中，受到诸多方面的掣肘。事实上，公益事业在建设生态、拓展功能的过程中，也确实容易滋生相应的问题，因此需要有效的方法来进行控制和监督。显然，区块链技术可以承担这一角色。

在区块链技术的支持之下，可以开拓更多的公益应用场景。例如，将企业的团建活动公益化，发展贫困地区的餐饮、旅游等行业，让贫困人口提供相应服务，相当于为贫困人口提供创收渠道。区块链技术对公益事业的保护，能够保障相应公益项目切实为贫困人口服务，并可以监控资金流向和受助者资质，防止出现利益输送行为。另外，区块链技术还可以对志愿者资质进行认定，对志愿行为贡献度进行考核，在给予志愿者适当激励的同时，防止或及时发现冒充志愿者，或者以低质量志愿活动骗取激励的行为。在精神激励方面，还可以通过区块链技术为志愿者提供独一无二的志愿服务证明，永久上链不可篡改，满足志愿者的精神需求和自我实现需求。

五　区块链+政务、区块链+公益的案例

1. 北京市政府关于区块链技术的应用

在地方政府中，北京市政府是较早将区块链技术运用至政务服务领域的政府之一。2018年7月，北京市政府印发了《北京市推进政务服务"一网通办"工作实施方案》，其中就要求"研究运用区块链等新技术提升政务服务质量和信息安全水平，在海淀区先行试点相关工作"。

根据文件精神，北京市海淀区在2019年年初启动了区块链技术在政务服务领域的应用试点。应用首先在不动产交易场景中进行。通过多个市

级部门相关数据共享上链，办事人员不用再提交身份证、结婚证或离婚证、房产证等材料进行核验。现场核验材料由十几份减至3份，核验时间由15分钟减至2分钟。以往工作人员需要现场核验纸质材料的真伪，如今可以直接借助区块链获得并验证信息的真实性，减轻了工作人员的工作压力，提高了工作准确性。此外，北京市海淀区还推出"不动产登记+用电过户"同步办理举措，市民和企业办理不动产登记时，能一并办理用电过户，节省时间和精力。

2019年9月，"海淀通"APP上线。"海淀通"APP探索通过区块链技术实现同国家、市级数据的对接共享，首先推出"信息鉴证"服务，包括营业执照、纳税信用信息、婚姻信息等三类国家数据和身份证、户口簿等9类市级数据。办事市民可随时从链上获取权威部门关于自身情况的信息。

截止到2020年3月，如图6-29所示，"海淀通"APP的区块链版块已经集成了包括失业登记、自采暖、生活饮用水等多项服务。

图6-29 "海淀通"APP的区块链版块

此外，如图6-30所示，2020年3月，北京市西城区政府也进行了基于区块链的政务服务平台建设，并已正式投入使用。平台开始受理包括企业注销、城乡最低生活保障认定、内地居民婚姻登记证件核验、电子证照核验等业务。该平台大大简化了办事流程，用户只需在小程序上进行授权，而无须提交任何纸质材料，而且整个业务流程中的数据和授权记录都会保存在区块链上，市民可以随时查询自己的授权记录，做到可追溯。这样既能保障数据真实，又能保护数据隐私。如低保认定，涉及十几个部门的信息，都需要现场核验，街道的基层受理人员无法获取这些信息。通过区块链技术打通这些部门之间的数据壁垒，可以将原来需要一周的低保认定流程，简化为即时进行认定。北京市西城区下一步还将拓展更多区块链技术在政务服务方面的应用场景。

图6-30　北京市西城区区块链政务平台

2. 爱沙尼亚"数字国家"计划

爱沙尼亚的"数字国家"计划始于2014年，任何人只要有意愿，无须踏入爱沙尼亚国土，即可在网上申请成为爱沙尼亚的"数字公民"。不过，成为爱沙尼亚"数字公民"，并不代表加入爱沙尼亚国籍，也不能作为出入境证件。该计划原本用于吸引互联网创业人才，只要成为爱沙尼亚的"数字公民"，就可以在爱沙尼亚地理国土外，直接通过网络进行注册公司、远程管理、招聘缴税等一系列操作，也可以享受教育、医疗、投票等权利。如图6-31所示为爱沙尼亚"数字公民"申请页面。

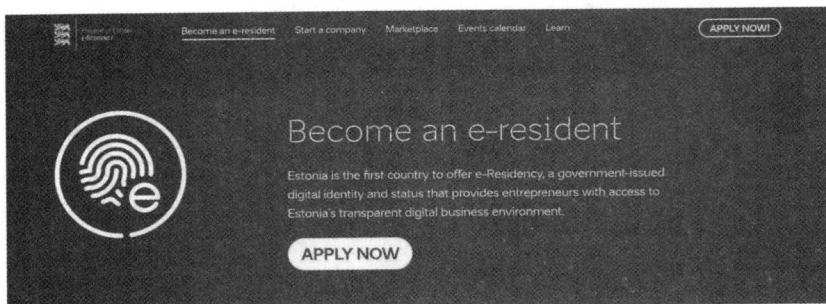

图6-31　爱沙尼亚"数字公民"申请页面

除了建立上述的数字社会外，在政务方面，爱沙尼亚使用了 X-Road。这是一个去中心化的公共数据库系统。它和其他所有的政务系统最大的区别是：没有一个集中式的中心化的数据平台。所有数据全部分布在各个公共部门和私营部门之间，然后通过高速互联网通路和网关系统，确保数据在国家内的充分共享。甚至，连上述"数字国家"的"数字公民"资料，都通过分布式存储放在了多个友好国家内。

爱沙尼亚通过区块链技术打通各个政务部门后，提出了"仅此一次"的政策。例如，贷款的申请人无须准备、填写申请材料，只需要把相关数据，例如收入、债务、储蓄等从公共系统中抽调并授权给银行即可。同时，公民的个人信息也是得到保护的，公司、政府调取你的信息需要授权并会留下记录。

3. 贵州省和工商银行的区块链精准扶贫平台

2016年12月，贵州省贵阳市发布了《贵阳区块链发展和应用》白皮书。白皮书中不仅谈到了区块链在政务数据共享方面的应用场景，也详细阐述了区块链在精准扶贫方面的应用。如图6-32所示，白皮书从几个方面为"区块链+精准扶贫"提出了解决方案，包括以下内容。

扶贫对象精准识别：利用区块链防伪造性，结合指纹识别，将扶贫干部和扶贫对象的身份记录在区块链上，保证扶贫对象精准识别。

扶贫资金精准管理：利用区块链的智能合约，匹配帮扶项目和帮扶资金，同时实现资金流动的全程跟踪。

扶贫对象精准退出：利用区块链的可追溯性，精准记录帮扶行动和效果，确保扶贫对象精准退出。

社会扶贫资金全流程管理：利用区块链共识机制，提高社会资源效率，让更多社会资源帮扶真正需要帮助的对象。

区块链扶贫诚信积分系统：利用区块链和智能合约设定诚信积分体系，综合评价扶贫对象和工作人员。

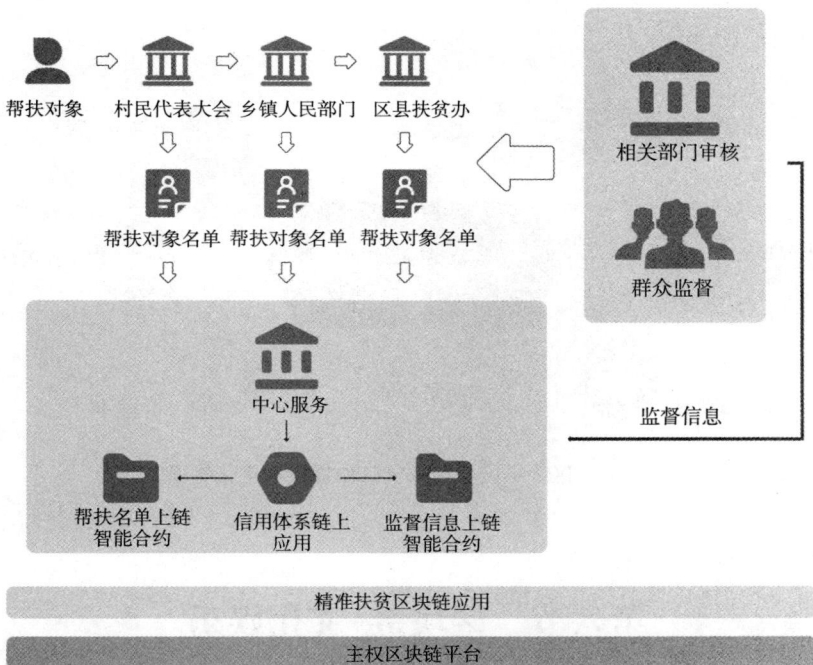

图6-32　精准扶贫区块链应用

在此基础上，2017年5月，工商银行与贵州省政府联合共建的脱贫攻坚基金区块链管理平台顺利投产，以区块链技术的"交易溯源、不可篡改"实现了扶贫资金的透明使用、精准投放和高效管理。如图6-33所示，该平台利用区块链技术为扶贫工作提供全面的数字化管理，打通拨付过程中的信息流、审批流、资金流，打造基于智能合约的工作流引擎，实现资金审批流程灵活配置，充分发挥合约多方共识、公开透明、可追溯的特点，确保资金合规使用。通过跨链融合，监管机构可以获取信息流和资金流全部信息，便于监管机构进行审计，提高审计监督效率，实现脱贫工作的精准与科学、扶贫资金管理的高效与透明，开辟了银政合作深入推进精准扶贫的新路径。

据《贵阳区块链发展和应用白皮书》统计，自从该平台将第一笔扶贫资金175万元发放到位，在其后的一年间，贵州省政府已通过工商银行区块链资金管理平台拨付扶贫资金18.6亿元，覆盖贵州75个县、1795个乡镇，省、县、乡受益群众达17.3万人，使扶贫工作取得了良好的社会效益和群众口碑。

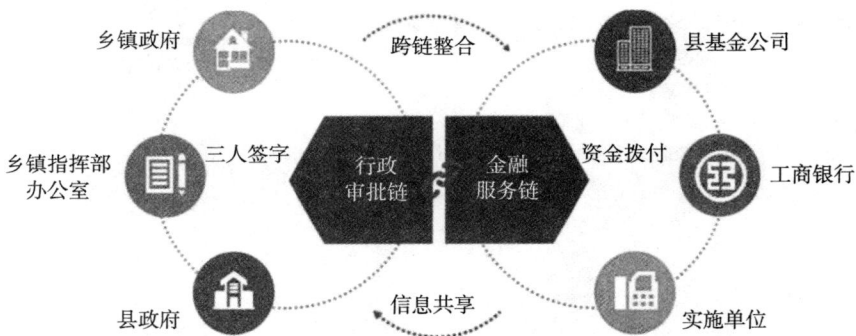

图6-33　区块链技术为扶贫工作提供数字化管理

●●●●● 第六节　区块链+文化娱乐 ●●●●●

文化娱乐是人在工作、学习之余从事的一种以放松身心，增加生活情趣的活动项目。文化娱乐内容丰富，包括各类影视、音乐、文学作品等。在物质文明较为丰富的今天，这些文化娱乐项目成了人类精神文明形式的重要补充，有利于开阔眼界，互动交流，陶冶情操，升华精神境界。与此同时，文化产品也是一个国家重要的文化软实力的表现形式，在当今世界的国家实力构成中扮演着愈发重要的角色。

随着文化娱乐产业的不断发展，在当代社会，文化娱乐已经成为人们生活中不可缺少的一部分。然而由于行业规模的扩大、监管手段的滞后等原因，文化娱乐产业发展过程中的一些问题也逐渐凸显出来。最常见的就是文化娱乐作品的版权问题，以及文化娱乐活动中票务的倒卖等问题，这些问题对文娱内容的生产者和消费者的合法权益都造成了严重的侵犯，是阻碍文化娱乐产业健康发展的重要因素。

一　文化娱乐行业发展现状

1.整体情况：稳定快速发展

长期以来，随着我国政府对网络普及相关政策的大力扶持，网民规模逐步增长，互联网普及率逐步趋于饱和状态，近8亿国民（据艾瑞咨询数据）已享受互联网带来的福利。

网络和经济的高速发展同时带动了我国文化娱乐产业的发展，尤其是在"十三五"期间，我国文化娱乐产业在国家政策下得到了较高的增长。如图6-34所示，中国文化娱乐产业以平均每年超过10%的增长快速发展，预计产业规模将在2021年突破五万亿大关（据艾瑞咨询数据），文化娱乐产业将逐步成为数字经济发展的支柱之一。

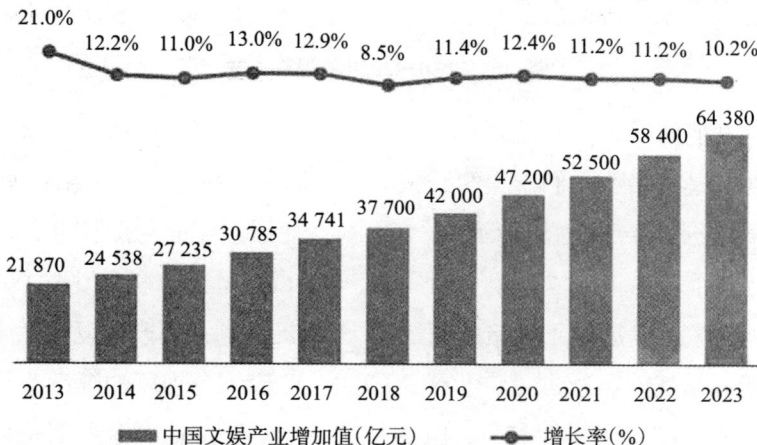

图6-34　2013—2023年我国文娱市场规模及预测

2. 细分情况：多点全面发展

文化娱乐产业内涵广泛，涉及领域众多，包括影视音、游戏、文学、体育乃至文化旅游等多个领域，本节只主要描述以下几个部分。

（1）电影

电影作为人们最传统的影音娱乐方式之一，如图6-35所示，据艾瑞咨询的数据，2010—2019年观影人数逐年上升，其中2014—2018年，四年间增长近50%，从2017年开始观影人次增长速度放缓，并逐渐趋于饱和状态。市场需求刺激着影视行业的影视创新发展，为吸引更多用户，3D观影、IMAX观影等技术应运而生。

（亿人）

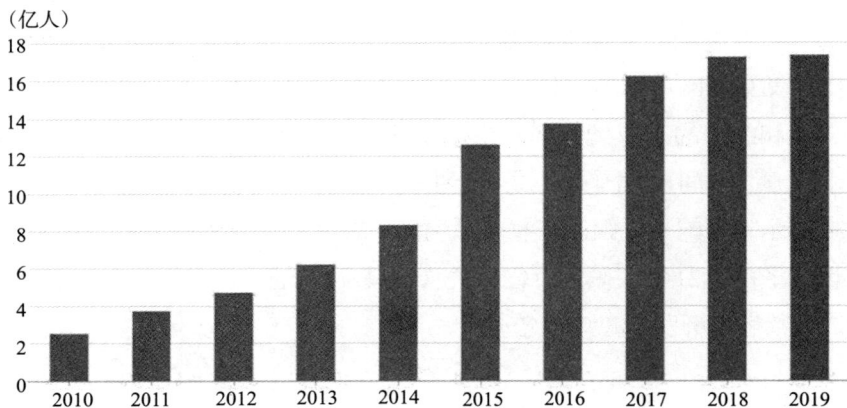

图6-35　2010—2019年观影人数

（2）电视剧

电视剧是被多数人们喜欢的娱乐方式。如图6-36所示，根据CMS媒介研究检测数据，传统电视剧行业作为电视行业最主要的组成部分，其收视率已经达到了32%。2017年9月，国家广电总局等五部委联合发布了《关于支持电视剧繁荣发展若干政策的通知》，该政策对电视剧产业发展做出积极指导，随后市场对电视剧投资也随之增加。但传统电视剧的弊端也日渐凸显，投资成本高、明星片酬贵、时间长等特点，正加速刺激着影视剧不断创新，以网络影视剧、短视频等为代表的新形式快速发展与崛起，并逐渐占据影视产业的半壁江山。

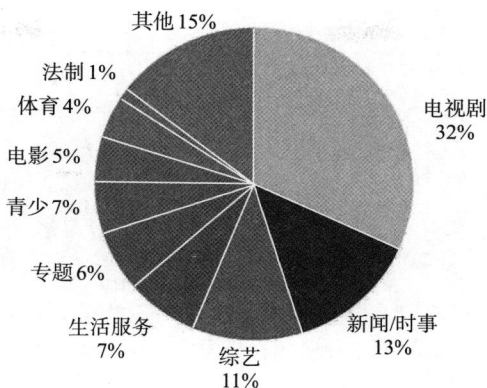

图6-36 电视节目收视率

（3）综艺

除电视剧外，我国综艺节目也开始逐步成为电视行业中较为主导的部分。同样作为重要的文化娱乐内容，综艺也一直都是平台和制作企业生产的重点领域。如图6-37所示，据艾瑞咨询的数据，我国综艺市场增长率虽然较前几年有所下降，但是市场规模仍在较为平稳地增长。

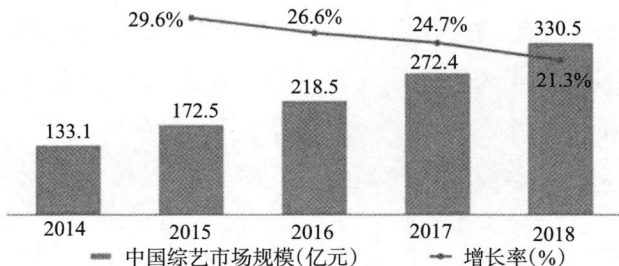

图6-37 2014—2018年我国综艺市场规模及增长率

（4）音乐

音乐虽然不是生活的必需品，但已经成为大多数现代人们精神世界中必不可少的调味剂。互联网的应用带动了中国音乐的市场发展，音乐成为人们日益增长的精神文化需求之一。如图6-38所示，早在2015年，我国在线音乐用户规模就已经达到了5亿人，未来还将持续增长。在线音乐应用也已经成为仅次于即时通信、搜索引擎、网络新闻、网络电视的第五大互联网应用，是网民日常使用的重要应用类型。

6.5%	13.0%	4.0%	5.5%	4.9%	5.1%	4.2%	3.6%

	3.6	3.9	4.4	4.5	4.8	5.0	5.3	5.5	5.7
	2010	2011	2012	2013	2014	2015	2016	2017	2018

在线音乐用户规模（亿人） —— 增长率（%）

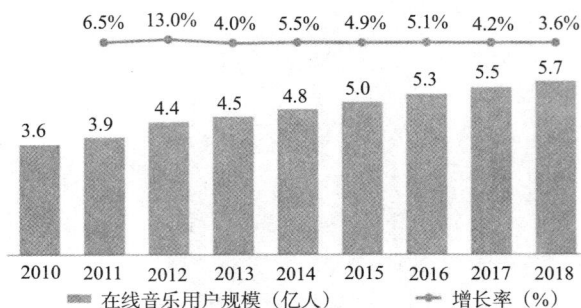

图6-38　2010—2018年我国在线音乐用户规模及增长率情况

（5）游戏

游戏作为大多数当代年轻人空闲时的消遣方式，受到的关注度与热度一直居高不下。在中国音像与数字出版协会游戏出版工作委员会发布的《2019年中国游戏产业报告》中指出，2019年中国游戏用户已达6.4亿人，游戏用户市场目前已逐渐趋于饱和状态。

如图6-39所示，根据智研咨询报告，游戏市场规模及同比增长率图显示，随着游戏市场规模增长年趋缓慢，同比增速在2014年后出现暴跌式下降，游戏用户市场逐渐稳定并趋于饱和。互联网的快速发展刺激着移动端游戏的发展，且近几年来移动游戏的规模、数量与客户端游戏相差无几。这充分显示，在《阴阳师》《王者荣耀》等爆款手游的影响下，手机已经成为游戏的另一重要承载平台。

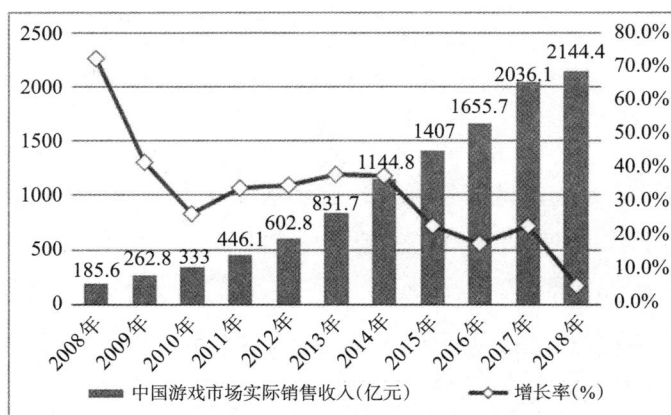

185.6　262.8　333　446.1　602.8　831.7　1144.8　1407　1655.7　2036.1　2144.4

2008年　2009年　2010年　2011年　2012年　2013年　2014年　2015年　2016年　2017年　2018年

中国游戏市场实际销售收入（亿元）　—— 增长率（%）

图6-39　2008—2018年我国游戏市场销售收入

3. 版权意识不断提高

从1979年《中华人民共和国著作权法》开始起草，我国法律开始对知识产权进行保护。知识产权包含了版权、专利、商标三大类。1992年，中国加入《保护文学和艺术作品伯尔尼公约》；2001年，《中华人民共和国著作权法》第一次修订；2008年，我国颁布多部计划与纲要来指导知识产权的保护；2020年11月11日，中华人民共和国第十三届全国人民代表大会常务委员会第二十三次会议通过《全国人民代表大会常务委员会关于修改〈中华人民共和国著作权法〉的决定》。

然而，由于我国长期以来版权意识不强，版权行业的发展经过了一个较长的时期。根据国家版权局的数据，2007年，全国自愿登记版权的数量还只有13万件；到2008年，由于大量政策的利好，这个数量就突破了100万件。然而，2009年，这个数字又回到33万件，之后逐年增长，在2014年重新到达100万件。自此，登记作品数量的增速每年都不低于20%。2018年，全国自愿登记版权数量已经突破200万件。可以说，版权保护行业的快速发展，只是最近几年的事。

2017年，全国著作权登记总量达2 747 652件，其中，各类作品登记2 001 966件、计算机软件著作权登记745 387件、著作权质权登记299件；相比2016年的2 007 698件，同比增长36.86%。从作品类型来看，2017年登记量最多的是摄影作品，共734 998件，占登记总量的36.71%。

目前，关于版权保护行业的市场规模尚无具体计算，但我们可以从版权行业的整体规模中窥得一二。根据新时代证券的研报，2017年版权运营行业的市场规模约为2000亿元，2018年有望接近2500亿元；如图6-40所示，根据腾讯研究院测算的数据，2016年我国核心网络版权行业规模超5000亿元，十年间年复合增长率超过40%。

图6-40　2006—2016年我国网络核心版权产业规模

4. 文化娱乐产业的特点

（1）数字化程度高

随着时代的发展，文化娱乐产品的数字化程度越来越高。在数字化大潮中，文化娱乐产品的数字化在诸多产业之中是相对较为快速与彻底的。互联网在中国兴起之前，音乐、游戏等文娱产品通常通过光盘等形式流通和传播，但随着我国互联网的高度成熟，不仅仅是音乐、游戏这类早已可以在二级市场流通的文娱产品，电影、电视剧这类文娱产品也均可以在网络上进行购买与消费。

现如今，数字化已经成为音乐类文娱产品的主要销售渠道，大量游戏均通过网页、手机应用、游戏分发平台（Steam等）进行分发销售；电影、电视剧也普遍可以在网络平台上进行观看。

（2）外部性强

外部性是一个经济学名词，指一个人或一群人的行动和决策使另一个人或一群人受损或受益的情况。根据结果的受损或受益情况，又分为负外部性和正外部性。一个常用的案例是，某临街家庭阳台的灯光从家中溢出，照亮了街道的路，让路过的行人不必摸黑行走。这是一个典型的正外部性案例，使得路人得到了有利影响，但却并未付出相应的成本。外部性的存在会造成社会脱离最有效的生产状态，使市场经济体制不能很好地实现其优化资源配置的基本功能。

文化娱乐产业是一个具有较强外部性的产业，其中盗版问题就是外部性的集中体现。由于文娱产品的数字化程度高，导致其很容易被盗版，也很容易被传播。这对于盗版产品的消费者来说，无疑是一种正外部性的情况；但是对于文化娱乐产业来说，则是在破坏产业本身。21世纪初，盗版带来的外部性问题曾经对中国游戏产业造成了毁灭性打击，虽然近年来随着版权意识的觉醒，盗版泛滥的问题逐渐好转，但仍然十分严峻。

二 文化娱乐行业发展痛点

1. 版权保护不力

目前，版权保护仍然面临着很多问题。当文化产业进入互联网时代，内容的复制不需要任何成本，传播环境依托于无形的信息载体，这成了侵权现象滋生的温床。司法取证困难、维权成本高、小微个体或企业的诉讼成本甚至要高于能得到的补偿，不得已选择放弃维权，导致盗版现象更加猖獗。根据艾瑞咨询和 Digital TV Research 发布的报告，2016年，我国网络文学正版付费收入因盗版侵权损失高达79.8亿元，爱奇艺、优酷等流媒体视频网站因盗版损失高达280亿元，严重影响了文化产业的发展。

造成目前严重的版权问题的原因，主要包括以下几点。

（1）版权意识觉醒，但法律较为滞后

随着互联网的成熟和自媒体的高速发展，内容愈发受到整个产业链条的重视。无论是内容生产者、内容消费者还是产业链上的其他相关人员，版权保护意识都在迅速提高。加之经济水平的提升带来消费升级，内容消费者为内容的付费意愿不断加强，社会舆论也强烈谴责侵犯版权的行为。但由于法律法规的相对滞后，过去对侵犯版权的行为，往往停留在舆论谴责层面。目前通行的《中华人民共和国著作权法》是2010年2月修订的，距今已有10年。而这些年我国经历了移动互联网的深入发展，网络视频增长突飞猛进，现行法律法规已严重滞后了产业的发展。

目前，随着国家对于版权保护愈发重视，法律层面也迎头赶上。《中华人民共和国著作权法》迎来30年最大幅度修订。修订后的著作权法于2021年正式施行。

（2）版权保护内容繁杂，侵权行为打击难度大

版权保护涉及的内容相当繁杂。根据国家版权局的分类，版权作品可以分为文字、口述、音乐、戏剧、曲艺、舞蹈、杂技、美术、摄影、建筑、影视、图形、模型、录音、录像、其他等共16种。不同类型的版权保护内容涉及不同的内容属性，这为版权保护工作带来了相当的处理难度。例如，对于录像类版权保护内容，剪辑分割影视作品为短视频的个体、播放影视版权内容的网络主播，都难以追踪；又如，音乐类版权保护内容和建筑类版权保护内容所涉及的侵权判定方法完全不同，可能涉及完全不同的取证方法和维权流程。

（3）版权保护流程长，维权成本高，取证困难

当网络著作权被侵权时，维权往往会面临两个困难。一个困难是需查明侵权者身份，追溯盗版源头依然是不小的挑战，尤其是侵权盗版一般具有链接繁多，域名混乱且无规律等隐蔽化、地下化、分散化的特征，使追溯盗版源头的难度呈指数级放大；并且，由于司法管辖具有地域性和国籍性，侵权者利用法律漏洞知法犯法，在海外设置服务器，利用法律的时滞效应打时间差，发现风吹草动就暂时下架盗版内容，而后再重新发行。第二个困难是维权成本高、侵权赔偿低，像漫画这类作品的侵权案件赔偿标准以稿费为依据，但稿费标准与现在的经济水平相比，还处于较低的标准，这使得著作权人的维权积极性不高，而侵权成本低更造成侵权行为的泛滥。

关于这一点，最高人民法院法官朱理表示，知识产权侵权成本低主要是由知识产权的特殊性所决定的，知识产权侵权行为具有隐蔽性、不确定性和因果关系复杂性等特点，发现和认定侵权行为比较困难。与侵害物权等有形财产权相比，权利人维护其知识产权时需要付出相对更多的调查取证成本、法律服务成本等。

2. 票务问题

尽管文娱活动有较强的线上属性，但仍有诸多线下活动形式。较为常见的形式包括演唱会、体育赛事、文化旅游等，这些线下的文娱活动往往会涉及票务，而票务系统数字化进度相当缓慢。尽管国内的电子支付和二

维码技术已经非常成熟，但无纸化票务在大型演唱会的首次规模化应用，竟然是在2020年1月1日的张信哲演唱会才得以实现。

在票务领域，"黄牛"售卖高价票问题仍然非常严重。在春运领域，近两年随着票务系统的规范、运力的增强和对"黄牛"的打击，高价票和假票的现象已经得到了有效的遏制；但一般文娱活动的票务如演出、体育等票务仍然遭受着"黄牛"的荼毒。一些明星演唱会的门票，往往在数分钟甚至数秒之间售罄，而众多抢不到票的观众，只能找"黄牛"购买高价票。

三 区块链技术在文化娱乐中的应用

1. 版权保护与交易

版权保护是文化娱乐产业中面临的严峻问题。我们已经对版权保护所面临的难点进行了分析，仅仅依靠监管手段很难高效、全面地解决版权保护问题。在监管手段之外，技术手段和版权意识的进一步提高也是非常重要的。

在技术手段方面，区块链技术所起到的作用是非常高效且直接的。区块链技术所拥有的不可篡改的特性，被认为是解决数据确权问题的最有效手段，而文娱产品往往也是数字化的，同样也可以通过区块链技术来进行确权。区块链对于版权保护所能够起到的作用一般可以从以下两个方面来进行理解。

第一，区块链技术可以形成一个不可更改的时间戳，方便版权所有者举证。创作者只需将自己的作品上传至基于区块链的版权保护平台，即可生成独一无二的时间戳，忠实记录该作品的详细情况，包括上传时间、作品信息、授权信息等，当产生版权纠纷时方便举证；而且由于区块链技术的不可篡改性，证据的可信度也非常高。

第二，区块链技术可以降低创作者的举证成本，鼓励创作者维权。按照《中华人民共和国著作权法》规定，作品的著作权以作品完成为标志，不论是否进行版权登记作者都依法取得著作权。版权登记的一般流程为：收集申请材料—递交版权局—交费—受理—审查—发放证书。从申请到得到证书，周期通常为一个月，手续繁杂。而在区块链平台上，创作者只需要经过必要的身份认证程序，然后将作品上传至区块链即可，费用也相当低廉，甚至免费。这无疑能够降低维权门槛，增强维权意识。

第三，区块链技术还可以被用于版权交易中，不仅能够通过智能合约使得版权交易自动化、智能化，增强版权交易的效率，也能够详细忠实地记录版权授权情况，避免不必要的纠纷。版权需求方和版权方也能够通过区块链版权交易平台，更高效、精准、智能地满足自身需求。

2. NFT门票

NFT指的是Non-Fungible Token（不可替代通证），与可替代通证相对应。数字货币大多属于可替代通证，例如比特币，张三的1个比特币和李四的1个比特币是没有任何区别的。NFT门票指的是将门票改造为一种通证，而这种通证是不可替代的，如张三的一张NFT演唱会门票是A区的，李四的一张NFT演唱会门票是B区的，两者是不能相互替代的。

NFT门票相对于纸质门票和普通电子门票，有以下优点。

（1）杜绝假票

目前，诸如演唱会、体育赛事等文体类活动的门票仍然以纸质门票为主。为了防止伪造门票扰乱市场，现在的纸质门票一般拥有多种防伪手段，但其中最方便普通消费者查验真假的，是通过扫码或者输入验证码查验真假。

但是，我们可以看到，如图6-41所示，真伪查询页面往往有这样的话语——"温馨提示：即使验证码正确，也存在假票复制真票验证码的可能，所以提醒购票人请选择正规渠道购票，以确保您的门票安全、真实有效"，或"票面真伪验证以演出现场检票设备提示为准"。可见，现有的查验手段并不能帮助消费者完全避免假票的风险，并且由于纸质门票在线上交易，往往难于查验。

区块链技术有不可篡改的特性，我们可以通过将所有真票的数据上传到链上的方式，保证链上的真伪信息能够与现场查验保持一致。消费者甚至不需要查验门票真假，只要通过官方渠道下载相应的NFT门票存储钱包，所购买得到的门票就一定是真票。

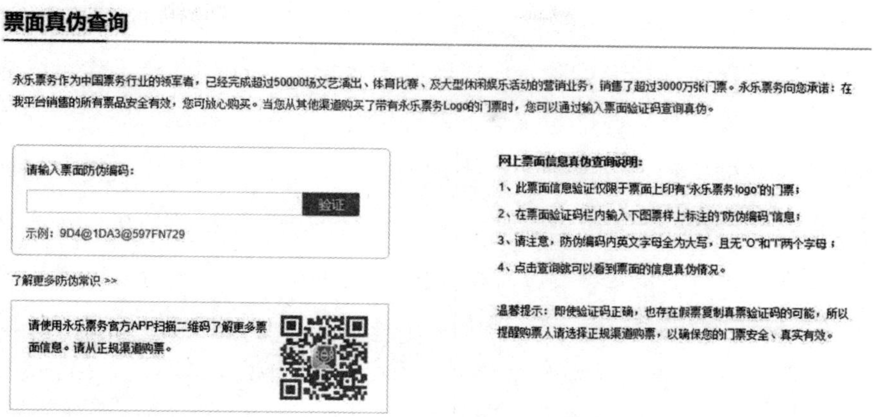

票面真伪查询

永乐票务作为中国票务行业的领军者，已经完成超过50000场文艺演出、体育比赛、及大型休闲娱乐活动的营销业务，销售了超过3000万张门票。永乐票务向您承诺：在我平台销售的所有票品安全有效，您可放心购买。当您从其他渠道购买了带有永乐票务Logo的门票时，您可以通过输入票面验证码查询真伪。

请输入票面防伪编码：

[   ] [验证]

示例：9D4@1DA3@597FN729

了解更多防伪常识 >>

请使用永乐票务官方APP扫描二维码了解更多票面信息。请从正规渠道购票。

网上票面信息真伪查询说明：

1、此票面信息验证仅限于票面上印有"永乐票务logo"的门票；

2、在票面验证码栏内输入下图样上标注的防伪编码信息；

3、请注意，防伪编码内英文字母全为大写，且无"O"和"I"两个字母；

4、点击查询就可以看到票面的信息真伪情况。

温馨提示：即使验证码正确，也存在有假票复制真票验证码的可能，所以提醒购票人请选择正规渠道购票，以确保您的门票安全、真实有效。

图6-41　某票务网站真伪查询

（2）智能合约方便交易

"黄牛"售票时，往往会利用消费者在现场急于买票的心理，将"黄牛"票售出远超票面价格的不合理高价。目前，很多门票售票并不记名，给了"黄牛"很大的生存空间。即使部分门票已经开始记名，仍然无法阻挡"黄牛"通过各种手段继续高价售卖门票。

在门票场外交易被"黄牛"充斥的同时，真实用户之间的场外交易却并不方便。因为各种原因无法前往现场，想要转让门票的情况非常常见，但纸质门票的交易却非常不便，买家不仅要担心存在假票的风险，还要承担邮寄成本，而现有的电子票一般更是无法转让。

通过区块链技术以及智能合约，可以将真实用户的场外交易变得真实可靠且方便快捷。首先，可以通过智能合约进行NFT门票的买卖，当一方在钱包内完成付款，系统将根据智能合约自动将NFT门票转移给买家，无须第三方，即可防止一方付款一方不放票或者一方放票一方不付款的情形；另外，还可以通过智能合约限定价格，门票交易价格只能低于票面价格，或者只能略高于票面价格，否则系统将拒绝交易。这样，可以充分限制"黄牛"的倒票行为。

（3）集成生态

除此之外，NFT门票还可以集成周边生态。演唱会、体育赛事等不仅涉及本身的消费行为，还可能包含住宿、交通、餐饮等多种消费形式。NFT门票可以将这些消费形式进行集成，消费者持有NFT门票，不仅可以将其作为进入文娱活动的凭证，还可以通过NFT门票进行住宿、交通、餐饮等消费。这些消费都可以通过智能合约的方式进行，不仅方便快捷，消费者还可以从中获得一定的折扣。而商家通过提供一定的折扣，可以加入这个集成生态，获得更多的曝光机会和获客渠道。

3. 提升文娱内容质量

近些年来，随着自媒体的高速发展，用户生产内容（User Generated Content，UGC）愈发丰富，普通人的内容生产消费需求得到了极大满足。不过，这也造成了营销号、水军等灰色产业逐渐发展成形。这些批量生产的内容质量低下、负面媚俗，甚至成为利益方操纵网络舆论的工具。非法运营该类灰色产业者，往往通过技术手段大量复制虚拟身份，甚至购买他人身份从事非法行为。区块链技术有助于对该类非法行为进行追踪和追溯，使得监管机构和平台能够更为精准地打击该类违法行为。

四　区块链+文化娱乐案例分析

1. "人民版权"平台

2019年，人民在线与微众银行进行深入合作，依托人民在线十年社会评价大数据采集和分析能力，通过结合与利用区块链技术，共同打造了一站式版权保护管理平台——人民版权（如图6-42所示）。人民版权可实现数字作品的上链存证、侵权数据上链存证、版权维权诉讼的证据互通，实现了授权交易全过程的上链存证；还可以通过联盟链引入国家监管机构、权威媒体机构、出版集团、版权中心、仲裁机构、公证机构、互联网法院等核心节点，打通版权保护全链条。一旦这些被确权的作品有后续交易，将自动存证上链保存，从而实现内容生产全生命周期的可追溯、可追踪，为司法取证提供了一种强大的技术保障和结论性证据，大幅降低司法过程中的证据取证与保全成本，快速实现版权认证、取证、维权、诉讼全流程线上化。

图 6-42　人民版权网站

　　目前，机构可以在通过认证后在人民版权进行的注册。如图 6-43 所示，用户可以在搜索框中搜索链接或者关键词，然后查看某一条新闻内容的首发媒体、首发平台、首发时间、首发链接等相关版权信息。通过这个系统，用户可以使用转载监测、侵权线索等功能，从而对自己的首发内容进行版权保护。

首发概况

首发媒体	央视网
首发平台	东方资讯网
首发时间	2020-05-08 15:47:00
首发链接	http://mini.eastday.com/a/120...
首发标题	海南跨境金融区块链服务平台试点启动

原创概况

原创媒体	央视网

>对结果不满意？让我们知道

图 6-43　人民版权区块链存证信息

2. Po.et

如图6-44所示，Po.et是一个基于以太坊的版权登记平台，该平台使用数字签名和区块链技术，能够让内容创作者所创造的内容永久记录并生成时间戳，帮助消费者和出版商发现最适合其需求的内容。Po.et利用了四个重要技术，分别是内容Hash、数字签名、去中心化存储、区块链锚定，希望通过为创意作品创建一个不可更改的分布式账本，成为集中和分散媒体应用程序的平台。

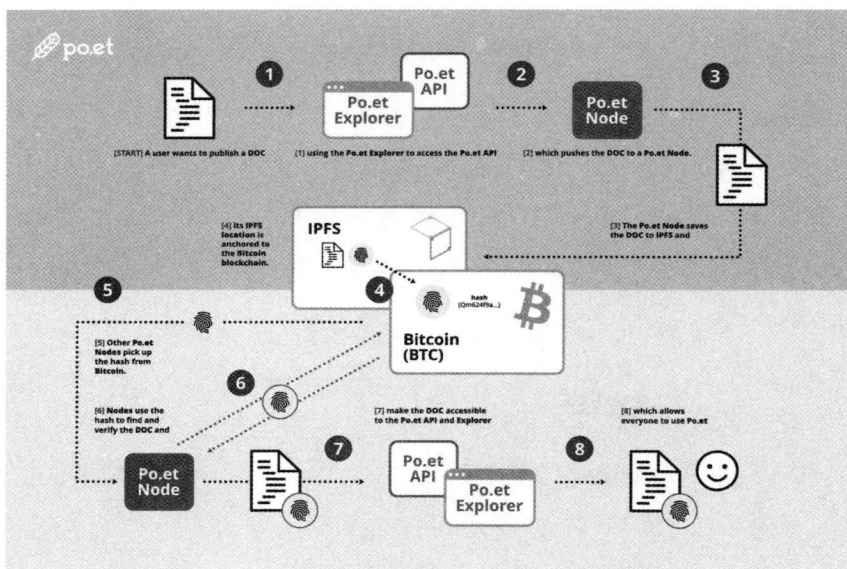

图6-44　Po.et官网

3. 张信哲演唱会与欧洲杯NFT门票

2020年1月1日，在张信哲"未来式"演唱会无锡站上，实现了票务系统与区块链技术的链接。通过区块链电子票可杜绝以往遭遇假票、门票无法转赠、忘带票纸等问题。实现票务流转全程可追溯，数据全部上链。一旦发现大量多次转票这种异常行为，即可判定出现了"黄牛"现象，可以及时进行干预。

而在体育界，如图6-45所示，2020年欧洲杯则有超过2万张门票以NFT的形式发售。NFT的门票二级市场买卖不仅可以通过智能合约自动完成（只需要点击"同意"即可），还会限制购买价格，避免高价"黄牛"票的出现。除此之外，NFT门票还集成了周边服务，比如可以凭NFT门票入住合作酒店等，无须重复注册，非常便利。

图6-45　原2020年欧洲杯NFT门票

由于新冠肺炎疫情的影响，2020年欧洲杯已经被推迟到2021年举行。欧足联将不得不花费成本重新制作、分发新的欧洲杯纸质门票。但是对于NFT门票来说，只需要进行简单的调整，即可完成门票的更新，成本十分低廉。

第七节　区块链+智慧城市

"智慧城市"这一概念是在2008年由IBM所提出的"智慧地球"所形成的发展理念。我国政府自2012年开始发布与智慧城市相关的政策，而住建部也在2013—2015年先后分三批公布了共计290个国家智慧城市试点。那么，究竟什么是智慧城市？

"智慧城市"的内涵和外延在不断发展和变化之中。根据2018年年底发布实施的《中华人民共和国国家标准智慧城市术语》（GB/T 37043—2018），智慧城市是指"运用信息通信技术，有效整合各类城市管理系统，实现城市各系统间信息资源共享和业务协同，推动城市管理和服务智慧化，提升城市运行管理和公共服务水平，提高城市居民幸福感和满意度，实现可持续发展的一种创新型城市"。

近些年，随着大数据、物联网、人工智能、云计算、通信技术等的快速发展，智慧城市进一步发展建设的各方面条件正在逐步成熟。目前，中国的智慧城市正处于一个爆发后的理性实践阶段，也是一个加强落地，产生更大实际效益的关键阶段。

一 智慧城市发展现状

智慧城市是一个比较广泛的概念，其中包括了大量的横向层级和纵向区域内容。根据《中华人民共和国国家标准智慧城市评价模型及基础评价指标体系 第1部分：总体框架及分项评价指标制定的要求》（GB/T 34680.1—2017），智慧城市共涵盖了信息资源、网络安全、创新能力、机制保障、基础设施、公共服务、社会管理、生态宜居、产业体系共9个一级指标及38个二级指标。由此可见，智慧城市的组成内涵是非常丰富的。

从横向层级来看，智慧城市可以划分为顶层设计、感知与通信层、平台与基础设施层、城市级计算层、应用层等。而从纵向区域上来看，任何包含在城市事务中的领域，都可以进行智慧化、智能化，例如智慧交通、智慧医疗、智慧政务、智慧教育、智慧养老、智慧环保、智慧司法、智慧安防、智慧城建、智慧财政、智慧口岸等。

这里要说明的是，医疗、政务等领域，我们已经在以前的章节中进行了详细的探讨，除非特别提到，这些内容不会包含在本章节"区块链+智慧城市"中。本章节将着力于与城市硬件建设直接相关的部分，如智慧交通、智慧安防、智慧园区、智慧社区等。

1. 全国跟进，规模稳步扩大

自住建部2012年年底启动首批国家智慧城市试点项目以来，根据亿欧数据，如图6-46所示，我国智慧城市试点数量持续增加，截至2016年年底该数量已接近600个，其中住建部公布的前三批国家智慧城市试点数量合计达到290个。截至2017年3月，我国95%的副省级城市、83%的地级城市，总计超过500座城市，均明确提出或正在建设智慧城市。

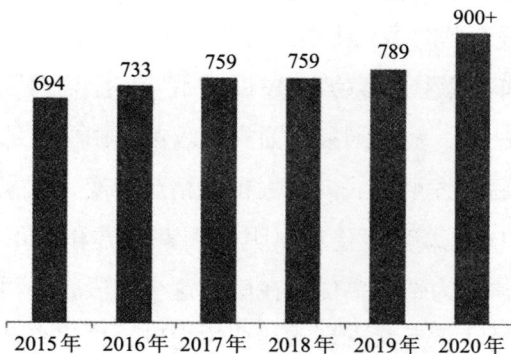

图6-46　2011—2016年我国智慧城市试点数量

可见，随着技术的进一步发展和普及，智慧城市的发展会进一步下沉，我国智慧城市的数量也会进一步增加。随之而来的，是行业规模的进一步扩大。如图6-47所示，根据IDC预测，至2023年中国智慧城市技术支出规模将突破400亿美元，年增速持续稳定在15%左右，市场空间巨大。我们可以预见可持续基础设施、数据驱动治理以及数字化管理是未来智慧城市的投资热点。

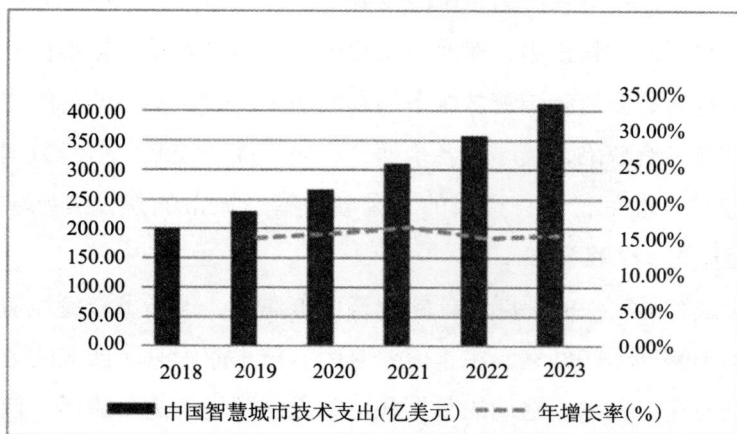

图6-47　2018—2023年我国智慧城市技术支出规模及预测

2. 从单一向多元模式转变

在世界范围内，智慧城市的发展经历了三个阶段，分别是"技术驱动""政府主导""多方共建"。我国的智慧城市发展也经历了类似的过程。目前，我国的智慧城市项目建设模式逐步从政府主导的单一模式向社会共同参与、联合建设运营的多元化模式转变。

2012—2015年，我国智慧城市建设采用"广泛培育"的发展方式，鼓励全国各地积极试点，较少国家层面支持政策，由住建部担任主导和牵头单位；2016年以后，发展方式向"去粗取精"转变，国家层面支持政策陆续出台，细分领域政策逐渐登场，明确国家发展和改革委员会为主管单位，中共中央网信办为牵头单位。在后面这个阶段，不再追求量的增加和发展的速度，而是注重发挥市场和社会的力量，构建全社会共建共治共享的格局。

因此，我国智慧城市的建设，逐渐由政府单一方面主导，过渡到需要多方参与协作共同完成，形成了多方共同协作、共同建设的特点。

二 智慧城市建设痛点

1. 数据孤岛广泛存在

如上所述，智慧城市的建设涉及城市的方方面面，牵扯十分广泛，因此，在智慧城市的建设中，涉及多个管理部门的协作以及其中信息数据的共享和交互。从当前我国智慧城市的发展情况来看，不少城市的建设过程由于顶层设计有缺陷，实际上各个部分的协同效率较低，信息数据共享的情况也非常不理想，最终造成的结果就是智慧城市的建设成果非常不理想，甚至沦为一个噱头。

即使是有着完善的顶层设计的智慧城市建设，也不可避免地遭遇信息数据共享不够理想的问题。由于商业原因、技术原因等所造成的数据孤岛现象广泛存在，各部门之间的数据和信息无法顺畅地进行流通，使得智慧城市的效率和功能大打折扣。例如，在大型城市，每天会产生海量的交通数据，而这些交通数据本身是通过中心化的方式来运作的，无法高效地进行数据连通与分析，影响了数据产生的效能，无法达到智慧交通的最佳状态。

2. 数据安全有待保证

智慧城市需要收集、处理、分析大量的数据，从而让城市更加智能化。但是，海量的数据也带来了更大的风险。近些年来，关于数据被滥用、盗用乃至用于非法用途的情况并不罕见，而智慧城市所处理的数据关乎在城市内生活的众多公民的方方面面，无论是数据的敏感性、数量，还是可能产生的负面结果，都不是其他类型的数据可以同日而语的。因此，在智慧城市的建设过程中，必然要面临数据安全这一风险，这一风险很可能会成为智慧城市发展的瓶颈和隐忧，如何控制这一风险就显得尤为重要。

3. 难以做到真正的以人为本

在智慧城市的发展史上，从技术驱动型，到政府主导型，再到多方共建型，其中的建设理念越来越趋近于"以人为本"。城市，是人聚居的地方，城市居民的需求，才是建设智慧城市的方向所在。因此，智慧城市的建设逐渐过渡到多方共建型，更多地引入民间力量和资金，正是为了贯彻"以人为本"的理念，让智慧城市服务于人。

不过，目前支撑智慧城市的数据源，往往是由建设者通过各种手段主动抓取；而城市居民则处于被动接受的状态，因而无法主动为智慧城市提供信息和数据。这一点主要是因为目前数据确权还很难完成，因此城市主体市民完全无法控制自身所产生的数据，自然也就无法形成主动为智慧城市贡献数据的规律行为。

这样的现实情况是不符合"以人为本"的智慧城市精神的。在目前的阶段，这对智慧城市的影响还比较有限，但当智慧城市进入进一步发展的阶段时，这就是一个必须要解决的问题。

三　区块链技术在智慧城市中的应用

习近平总书记在"10·24集体学习"中指出，"要推动区块链底层技术服务和新型智慧城市建设相结合，探索在信息基础设施、智慧交通、能源电力等领域的推广应用，提升城市管理的智能化、精准化水平"。

1. 打通数据孤岛

数据孤岛问题是目前智慧城市建设中所遇到的最直接、最突出的问题。在过往的介绍中我们已经多次强调，区块链技术在打通数据孤岛问题上能够起到巨大的作用，链接数据孤岛是区块链技术的基本价值之一。

在智慧城市的实际建设中，区块链已经被广泛运用于链接数据孤岛。例如，此前我们曾经探讨过"区块链+政务"的应用，它能够将原本需要十几个部门确认、耗时一个星期的事务，加速到当天就能完成。同样地，区块链打通数据孤岛的作用也可以体现在智慧城市建设的其他部分。

在本次新冠肺炎疫情中，我国的社区化管理起到了非常重要的作用。不过，在管理过程中，仍然暴露出一些信息同步方面的问题。若能将社区数据、交通数据、医院数据实现整合，无疑能够更好地对疫情传播进行控制。但是，社区、交通、医院属于这个城市的不同体系，数据整合并非易事；若能利用区块链技术将这些体系进行打通，在突发事件发生时，就可以做到快速响应、无缝连接，提升整个智慧城市的反应速度，做出规范、即时、科学的应对策略。

2. 提升效率，保证数据安全

智慧城市的建设需要大量的物联网设备，如遍布整个城市的监控摄像头系统、车联网中每一辆汽车的相关感应设备等。而这些物联网设备的中心化架构，不仅承受着巨大的运算压力和高昂的运维成本，还面临着严峻的安全问题。

一方面，区块链技术可以通过分布式存储与计算，降低乃至完全解决中心化架构处理效率低的问题，进一步提升整个智慧城市的运行速度，同时降低软硬件成本；另一方面，区块链技术还可以运用到保护数据安全中来。区块链技术可以大大降低系统受到攻击而产生错误甚至停止运转的可能性，可以保持系统持续安全运行。

在引入区块链技术后，智慧城市这个庞大系统的运行将会更加协调，更加稳定。而对于智慧城市这个体量的系统来讲，由于关乎全城市所有市民的正常生活，稳定性和安全性尤为重要。

3. 解决数据确权

区块链还可以解决数据确权问题。只有解决了数据确权问题，城市居民才能够真正积极主动地参与到为城市贡献数据的事业中来。否则，如果居民所产生的数据，全程的流通与处理、价值的产生与反馈都与居民无关，那么将无法激励城市居民参与到其中。

区块链技术通过自身不可篡改的特性，解决数据的确权问题，从而能够将数据的所有权、使用权还给城市居民。数据必须经过居民授权才能够为其他方面所使用，从而规范了数据的权属，使得数据使用更加健康。

当城市居民发现自己所产生的数据能够为自己所支配，自己所贡献的数据能够实实在在地使自己的生活变得更加便利和美好，同时又不用担心隐私的泄露和滥用时，市民才会真正自发、主动地参与到数据贡献之中，从而真正做到智慧城市的"共建"，实现智慧城市"以人为本"的目标。

四 区块链+智慧城市案例分析

1. 山东省荣成市

目前，在我国智慧城市建设中，对区块链技术的运用往往集中于智慧城市的某一个部分，其中以智慧政务最为普遍，包括电子证照、区块链政务平台等。关于这一方面的案例，我们在"区块链+政务"一节中已经列举过相关案例。另外，关于"区块链+能源""区块链+医疗"，我们也在相应的章节中列举过相关案例。而直接将区块链技术作为智慧城市整体底层架构的例子，目前在国内，包括国际上都还比较少，而山东省荣成市的智慧城市建设便是其中一例。

荣成市为山东省下辖县级市，由威海市代管。它地处山东半岛最东端，三面环海，面积1526平方公里。2016年户籍总人口66.7万人，是国家首批12个信用示范城市之一。

2015年，荣成市正式启动智慧城市建设。2018年9月荣成市政府基于开源底层平台FISCO BCOS，打造了区块链智慧城市平台，创建创世节点。荣成市以整座城市为单位，利用新一代物联网、大数据、云计算、区块链等新技术，实现城市运营、科学管理和人性化服务，打造新的城市管理生态系统。荣成市先后投资2.3亿元，积极推广应用云计算、大数据、区块链等新技术，创建绿色智慧社区、智慧建造、智慧市政、智慧工地等示范项目，推动城市管理与国际化接轨。

其中，信用管理是荣成市智慧城市建设的核心之一，搭建了荣成市区块链政务诚信考核系统、社会信用区块链服务系统等。荣成市以区块链技术的应用来提升荣成信用评价体系的权威性、安全性，使荣成信用体系建设更具实际应用的条件，荣成市也成为全国首个在信用体系建设中成功应用区块链技术的模范城市。在2019年3月发布的《中国政府透明度指数评估报告（2018）》中，荣成市在县级政府的政府透明度中排名第七。

2. 内华达州沙盒城

2018年11月，Blockchains L.L.C的首席执行官、律师和加密货币富翁杰弗里·伯恩斯（Jeffrey Berns）斥资1.7亿美元，购买了美国内华达州北部的一块土地，并计划将其改造为由区块链技术驱动的智慧城市，命名为"沙盒城"。伯恩斯称，沙盒城将设一个高科技园区，供结合区块链技术与人工智能、3D打印和纳米技术的创业公司入驻。市内将有可容纳数以千计居民入住的住宅区以及商业区，还将设一个电子运动竞技场，以及一个制作音乐、电影和游戏的制片公司。伯恩斯还说，他已经买下一家银行，并打算开展区块链技术支持的能源项目。

Blockchains L.L.C网站上的一份声明说："我们在创新园的土地将是一

个智能城市，其基础是所有交互作用的去中心化区块链基础设施。效率、可持续性、透明度可以得到保证，多种创新技术将改变其居民日常互动的方式，而区块链技术将成为一切的核心。"计划中的城市将包括一个高度安全的高科技园区，该园区将区块链技术与人工智能、3D打印和纳米技术相结合；住宅单元将为成千上万的人提供新的生活环境，以及各种金融、商业和零售概念。

2019年，Blockchains L.L.C收购了德国的区块链开发公司Slock.it；2020年3月，Blockchains L.L.C预计沙盒城将于2022年破土动工。

7

第七章

区块链赋能大数据、物联网

人类的历史是由不同的技术共同驱动的。区块链技术本身就是一系列技术的集合，它并不是孤立发展的，而是和其他前沿技术相辅相成，共同促进。只有与其他技术相结合，区块链技术才能得到更好的发展并激发自身的潜力。区块链主要作用于生产关系，与其他主要作用于生产力的技术存在一定的差异，并能够对其他技术起到一定的促进作用。其中，与区块链技术联系最为紧密的是大数据技术和物联网技术，在本章中我们将对区块链技术在这两者中起到的作用进行阐述。

····· 第一节　大数据 ·····

相比于区块链技术，大数据技术发展更为成熟，产业规模更大，对国民经济和社会生活的影响也更为深入。不过，大数据产业在发展的过程中，也遇到了诸多的瓶颈和问题，阻碍了自身的进一步发展。

同为新兴技术，区块链技术与大数据技术有着诸多的结合点。前者能够帮助后者克服现有的困难与不足，并且全面驱动后者再上一个新的台阶。

一　大数据行业发展现状

"大数据"这个概念由《自然》杂志在 2008 年提出，但其出现的时间应该更早。早在 2006 年，大数据技术在以谷歌为首的科技巨头的推动下开始获得发展；从 2009 年开始，大数据技术基本成熟，学术界和企业界开始进行大数据技术的应用研究。2013 年被称为"大数据元年"，从此大数据技术开始向商业、科技、医疗、政府、教育、经济、交通、物流及其他各个领域渗透，直到今天。

1. 产业规模大，发展速度快

随着全球互联网的进一步成熟与数字化进程的不断加快，全球数据产量高速增长。如图 7-1 所示，据中国信息通信研究院统计，2019 年，全球数据量可达 41ZB（$1ZB=2^{70}KB$），这个数字相当于全世界所有人的脑细胞数量总和，可以说，数据已经填满了我们每个人的大脑。

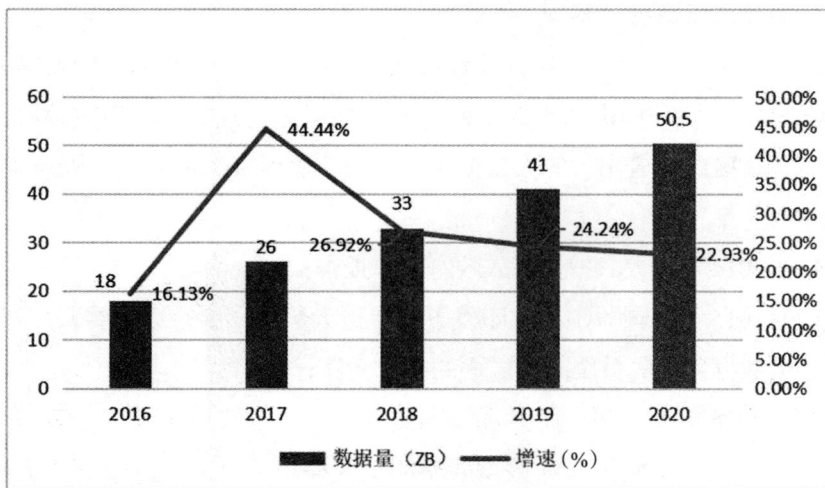

图 7-1　2016—2020 年全球数据量

在数据量激增的背景下，大数据行业也呈现出一个非常高的增速。如

图 7-2 所示，2016—2021 年（数据含预测），我国大数据产业规模将从约 2800 亿元突破 8000 亿元，每年的增速虽然有所放缓，但仍保持 20% 以上的年增速，规模扩张仍可谓迅速。

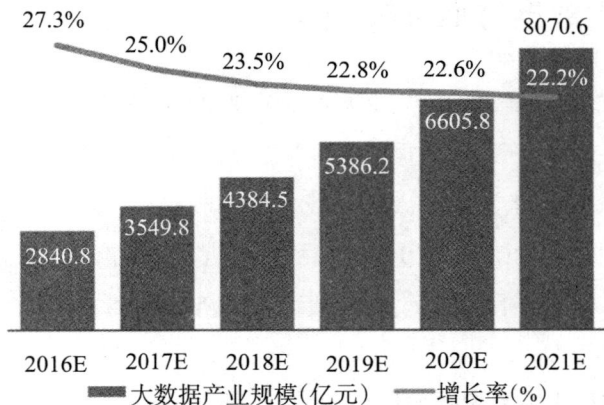

图 7-2　2016—2020 年我国大数据产业规模及预测

新一代信息技术快速发展，数字中国和新型智慧城市等建设项目加速推进，以及经济社会的转型发展和动能转换，这些因素都在持续推动我国大数据产业的发展，加速技术革新和应用拓展。

2. 政策布局覆盖完善

近年来，中央政府和各级地方政府频繁出台与大数据有关的政策，已经形成多层次协同推进的大数据发展政策环境。近几年来，中央政府、省级政府及市区级政府出台的大数据相关政策就达到 300 余个。其中影响力最大的主要包括：

（1）2014 年，大数据被写入政府工作报告；

（2）2015 年，国务院正式印发了《促进大数据发展行动纲要》，成为我国关于大数据发展的首个国家层面的指导文件；

（3）2016 年《中华人民共和国国民经济和社会发展第十三个五年规划纲要》的公布标志着国家大数据战略的正式提出，彰显了国家对于大数据的重视；

（4）2016 年 12 月，工业和信息化部发布《大数据产业发展规划（2016—

2020年）》，为大数据产业发展奠定了重要的基础；

（5）2017年10月，党的十九大报告中提出推动大数据与实体经济深度融合，为大数据产业的未来发展指明方向；

（6）2019年3月，政府工作报告第六次提到"大数据"，并且有多项任务与大数据密切相关。

据《2019中国大数据产业发展白皮书》，全国除港、澳、台外的31个省级行政区全部都出台了关于大数据的产业政策，合计347条；16个省级行政区和79个市级行政区成立了大数据管理机构；据不完全统计，18个省级行政区共成立了46个大数据产业园区。由此，国内大数据政策环境已经相当完善。

3. 数据合规要求愈发严格

近两年来，各国在数据合规性方面的重视程度越来越高，但数据合规的进程仍任重道远。2018年5月，旨在保护欧盟公民的个人数据，对企业的数据处理提出了严格要求的《通用数据保护条例》（GDPR）开始实施，并带来了全球隐私保护立法的热潮，成功提升了社会各领域对于数据保护的重视。例如，2020年1月起，美国的《加州消费者隐私法案》（CCPA）正式生效，对所有和美国加州居民有业务的数据商业行为进行监管。除加州的CCPA外，更多的法案正在美国纽约州等多个州陆续生效。

与全球不断收紧的数据合规政策相类似，我国在数据法律监管方面也日趋严格规范。当前我国大数据方面的立法呈现出以个人信息保护为核心，包含基本法律法规、司法解释、部门规章、行政法规等综合框架的特点。一些综合性法律中也涉及了个人信息保护条款。相关法律主要包括以下五类。

（1）基本法律法规

基本法律主要有《中华人民共和国网络安全法》和《全国人民代表大会常务委员会关于加强网络信息保护的决定》等。

（2）司法解释

司法解释主要包括《最高人民法院、最高人民检察院关于办理侵犯公民个人信息刑事案件适用法律若干问题的解释》《最高人民法院关于审理利用信息网络侵害人身权益民事纠纷案件适用法律若干问题的规定》等。

（3）部门规章

部门规章主要包括《电信和互联网用户个人信息保护规定》《中国人民银行关于银行业金融机构做好个人金融信息保护工作的通知》等。

（4）行政法规

行政法规主要包括《征信业管理条例》等。

（5）综合性法律

在《中华人民共和国民法典》《中华人民共和国刑法修正案（九）》《中华人民共和国侵权责任法》《中华人民共和国消费者权益保护法》《中华人民共和国反恐怖主义法》等综合性法律中，也有涉及个人信息保护的相关条款。

2019年以来，数据安全方面的立法进程明显加快。中央网信办针对四项关于数据安全的管理办法相继发布征求意见稿，包括《网络安全审查办法（征求意见稿）》《数据安全管理办法（征求意见稿）》《儿童个人信息网络保护规定（征求意见稿）》和《个人信息出境安全评估办法（征求意见稿）》。其中，《儿童个人信息网络保护规定》《网络安全审查办法》已正式公布并开始施行。

但不可否认的是，从法律法规体系方面来看，我国的数据安全法律法规仍不够完善，存在着缺乏综合性统一法律、缺乏法律细节解释、保护与发展协调不够等问题。2018年，十三届全国人大常委会立法规划中的"条件比较成熟、任期内拟提请审议的法律草案"包括了《个人信息保护法》《数据安全法》两部。个人信息和数据保护的综合立法时代即将来临。

二　大数据行业发展痛点

大数据行业发展至今，技术的负面作用也逐渐显现。数字社会的未来愿景越宏大，大数据的作用越关键，这些负面作用也就越危险，愈亟待解决。这些隐患和痛点主要分为四个部分，而在这四个部分中，也存在着清楚的逻辑关联。接下来我们首先简述这四个部分，再阐述其中的逻辑关系。

1. 数据泄露

由于平台掌握了大量用户数据，从而因为主观和客观的原因，例如灰产交易、撞库攻击、内部人员泄露等，均可能造成数据泄露。近年来，数据泄露频发，影响力较大的有Facebook的多次隐私泄露事件，最近的一次就在2019年11月，每次涉及的全球用户都有数亿之多。2018年年底，喜达屋酒店的用户信息被泄露，涉及用户多达5亿。数据泄露的后果并不局限于侵犯用户的隐私权，更可能造成电信诈骗、系统遭受攻击等更加严重的后果。我们可以想象，被揭露的隐私泄露事件还只是冰山一角。根据波耐蒙研究所发布的《2019年数据泄露成本调研报告》显示，目前单次数据泄露事件的平均损失为392万美元，而客户信任度的丧失、对企业形象的负面影响等无形资产的损失更是数额巨大、难以估量。

2. 数据滥用

即使数据没有被泄露或者买卖，平台对于数据的使用也存在诸多问题。例如，平台通过大数据分析用户的特征，然后进行不合理的价格歧视，也就是我们常说的"大数据杀熟"。另外，平台还通过大数据分析用户喜好，过度传播强娱乐化的、较为低俗的信息。应该说，平台合理使用大数据对用户进行用户画像，提供用户喜欢的内容，都是正常的商业行为；但过度滥用数据，损害用户的正常权益，或是只顾流量，不顾社会公序良俗和自身社会责任感，都是数据滥用的负面行为。

3. 数据确权

在大数据行业中，数据量的规模是非常重要的。一般来说，数据规模越大，越有分析价值。然而，数据的产生者是广大的用户，数据所产生的价值却由平台享受。这是因为，数据虽然由用户的行为产生，但是由于技术原因，数据的掌控权却在平台手上。单个用户产生的数据并不能产生价值，而只有将大量用户的数据聚合才能产生价值。从这个角度上来看，用户作为数据的生产者，平台作为数据的聚合者，都理应分享数据的价值，但目前数据却无法确权，因而数据的生产者和数据的价值无法进行绑定。

4. 数据共享

由于数据巨大的商业价值，在同一行业的不同竞争对手中，为了防止商业秘密的泄露和商业价值的损害，很难进行数据共享，从而形成了大量数据孤岛。然而，合作在很多场景下是非常必要的，数据的无法共享对行业中的不同角色来说，都会对自身的发展产生阻碍。这也大大增加了平台通过正常途径获取数据的可能性。

四大隐患之间的逻辑关系如下。

（1）数据确权问题是所有问题的起源

无论是隐私的泄露、滥用，还是数据共享的困难，其根本原因还是数据确权的问题。因为数据的产生者用户无法对自己的数据进行确权，才使得平台可以泄露、滥用用户的数据；也同样是因为数据的拥有者无法保障自己对数据的控制，才使得不同平台之间无法达成数据的共享。

（2）部分场景下，数据泄露是无法进行数据共享的替代手段

由于数据共享无法进行，导致部分平台无法通过合理途径获取用户数据，从而试图通过非法手段获取数据，这就给了数据泄露生存的土壤。如果能够促进数据共享，数据泄露情况也会随之减少。

四大隐患是相互联系的，而问题的关键症结是数据确权。因此，数据确权问题是大数据产业所需要解决的核心问题。然而，由于数据确权不同于传统物权，目前法律专家们倾向于将数据的权属分开，即不探讨整体数据权，而是从管理权、使用权、所有权等维度分别进行探讨。目前，相关研究、法律都尚未形成足够的支撑。

三 区块链技术在大数据行业的应用

1. 数据确权问题的核心仍然是信任问题

数据作为一种资产，不像传统资产一样具有实体，可以在物理空间进行掌握；同时，因为数据的可复制性，一旦经过他人之手，就存在被盗取的可能性。另外，数据的产生和支配并不一定是同步的，有的数据产生之

初由其提供者支配，有的在产生之初便被数据收集人支配（如电商消费数据等）。

根据这个思路，我们需要解决以下两个问题。

一是，如果数据产生之初，就由平台支配，怎么保证平台不盗取数据？

二是，在各种经济活动中，数据总是要流转的，怎么保证在这期间数据不被复制或者盗取？

我们可以用通俗一点的方式来思考这两个问题。

（1）如果数据产生之初，就能建立一个多方可信体系，控制好数据，就可以防止平台的盗取。

（2）如果数据在流转时，就能建立一个多方可信体系，监督全流程，就可以防止数据被复制或者盗取。

那么现在问题变成了，如何建立这样一个多方可信体系？

2. 区块链建立多方可信体系

在本书第二章有关区块链技术的价值的部分，我们已经详细阐述了区块链技术如何搭建信任的桥梁，并建立多方可信体系。因此，在这里我们可以较快地理解，区块链通过去中心化的分布式存储，保证了自身的真实性和不可篡改性，从而保障区块链网络中数据的可信。因此，将权限写入区块链，即可保障平台未经授权无法访问用户数据，阻止平台的非法访问；而在数据流转的过程中，也可以将业务流程和权限控制写入智能合约，保证数据的使用和共享只在业务流程中进行，不会被复制、盗取或者用于其他用途。

可以说，区块链相当于一个信任机器，在建立信任的基础上，促进数据的共享，构建高效的协作关系。

3. 通过区块链掌握数据的使用权

区块链的解决方案不着眼于数据的所有权，而是着眼于数据的使用权，因为数据只有使用才能产生价值。我们按照前述，分"平台+用户"以及"平台+平台"两种情景来进行阐述。

（1）平台+用户

在一个基于区块链网络的平台上，数据一经产出，就即刻被上传至链上。平台本身并没有权限访问这些数据，除非用户对其进行授权。在传统平台上，没有可靠的方法确保平台是否调用了用户的数据；但是通过区块链真实而不可篡改的特性，可以保障平台确实无法获取用户数据。平台如果想要使用用户数据，必须向用户获取授权，甚至支付一定的费用。通过这样的方式，可以实现数据价值的合理分配，既通过控制使用权的方式，保障了用户对数据的确权，又可以将数据资产所产生的价值返还到用户身上。

（2）平台+平台

假设前文中的两个平台从用户那里得到授权获取了一批数据，平台之间想要共享数据，仍然可以将各自的数据传到内部的联盟链上，并相互向对方授权。出于商业竞争的目的，平台之间的授权可能不像用户授权那样，直接将数据出售给平台，而是仅允许对方能够调用。也就是说，在这个联盟链之中，成员只能够通过联盟链中的智能合约将数据用于具体的业务流程（例如，银行可以判断某个用户是否符合自己的风控标准，在本书第二章中，我们曾描述过该类案例），而不能看到具体的数据信息（如不能看到用户具体是谁，联系方式是什么，名下有没有贷款等等）。

无论是哪一种情景，区块链既可以让用户相信链上的数据不会被平台获取，也能让平台之间相信链上的数据不会被其他平台获取，从而保障了数据的确权，促进了数据的共享，防止了数据泄露、数据滥用等情况的发生。

四　区块链+大数据应用案例

1. Engima

Engima是一个初创的保护隐私的数据计算平台。Engima的主网在2020年2月上线，其主要功能为保护数据隐私安全并解决数据确权问题。

目前，如果一名用户安装了一个APP，则会无限期地授予这个APP权限，如果用户想撤销访问权限，那么他必须卸载该应用程序并停止使用服务。

如图7-3所示，Engima的思路是将权限的控制策略存储在区块链上，然后让区块链节点适度访问分布式 Hash 表（Decentralized Hash Table，

DHT）。该解决方案由用户、提供服务的企业或平台以及区块链这三方共同组成。当用户想要授予或撤销企业或平台对其个人数据的访问权限时，区块链将会将策略上传至链上，保护用户的权益。

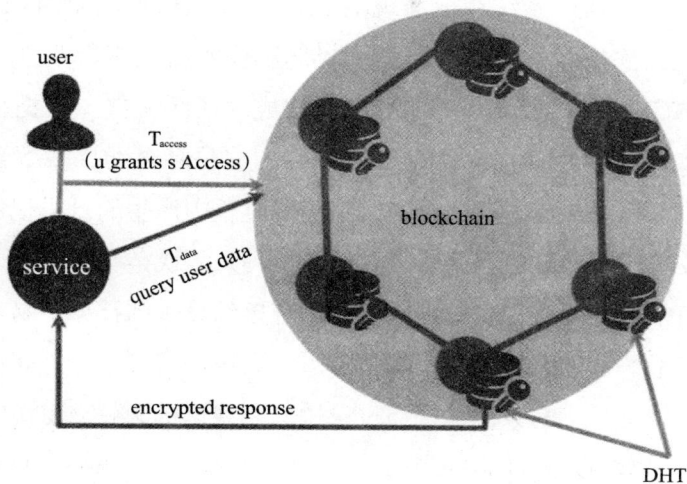

user

T_{access}
（u grants s Access）

service

T_{data}
query user data

blockchain

encrypted response

DHT

图7-3　Engima原理

当用户安装新的应用程序时，即会创建一个共享的身份，同时会记录下用户的权限配置策略，将其上传到区块链上。用户对企业或者平台的授权会形成一个复合密钥，该复合密钥由双方的签名密钥对组成，这样可以保护数据免受无授权方的侵害。

而企业作为被授权方，访问数据时，系统都会根据最新的权限授予策略检查其权限。这意味着用户可以随时调整授权，可以增加授权，也可以取消授权。通过这种方式，Engima完成了对数据隐私的保护和数据确权的工作。

2.上海数据交易中心

2019年10月，上海数据交易中心基于区块链底层技术的数据交易系统正式上线。该系统利用区块链的可追溯和不可篡改等特性，对每笔交易和数据进行确权和记录，解决了大交易量情况下的交易记账、清结算处理和分布式环境下的信息分发、同步和存储问题，构造了开放性、去中心化的可信数据交易服务环境。

基于区块链的数据交易系统采用联盟链、分布式的架构体系，实现将数据交易相关的会员基础信息、交易品信息、订单信息、交易账本存储在区块链节点，利用区块链的可追溯和不可篡改等特性，确保数据交易安全、高效、可信。系统在标准规范上充分兼容区块链网络的通用功能和特性，并在底层对共识机制、准入机制和保密机制进行改进。由需方节点、供方节点、交易中心、清算节点构成联盟区块链。数据存储通过智能合约实现，包括会员合约、订单合约、交易品合约、账本合约。供需方节点通过交易平台进行数据交易，交易过程中产生的日志记录定时汇总并提交交易中心节点进行"背书"签名后写入区块链平台，形成分布式总账，清算节点主要实现根据区块链中的订单结算规则计算交易双方的结算金额，并最终通过账本同步至相关节点。数据供需方节点之间通过数据交易形成逻辑上的交易数据链，通过采用分区共识机制和交易访问权限控制，保证交易参与方只能访问到与其相关的交易信息，保护交易双方的商业机密。

此系统不仅构建了安全性高、可信的交易环境，激发数据交易主体参与的积极性，而且将促成数据交易市场的规模性增长，真正推动各行业、企业运用大数据实现升级转型，推动数字经济快速发展。

第二节　物联网

近年来，物联网技术发展迅速，网络终端的数量、类型迅速增长。根据GSMA（全球移动通信系统协会）的统计，物联网对全球经济的影响已达1750亿美元，占GDP比重的0.2%。无论是在世界范围内还是在中国范围内，物联网产业的发展速度都非常迅速，但也面临着明显的问题。

区块链技术能够实现与物联网技术的结合，为物联网技术解决其目前存在着的瓶颈和问题。

一 物联网行业发展现状

物联网（Internet of Things，IOT）是通信网和互联网的拓展应用和网络延伸。它利用感知技术与智能装置对物理世界进行感知识别，通过网络传输互联，进行计算、处理和知识挖掘，实现人与物、物与物信息交互和无缝对接，达到对物理世界实时控制、精确管理和科学决策的目的。

1. 产业涉及面广泛

物联网产业链涉及面非常广泛，大致可以分为以下五个部分。

物联网终端：包括芯片、传感器、操作系统、屏幕、识别技术等。

管道层：包括非授权频谱无线连接、授权频谱无线连接、卫星与量子等。

边缘计算：包括硬件载体、平台软件等。

云平台：包括 PaaS 平台、云端通用能力等。

应用层：主要分为三大类，包括消费性物联网（智能家居、可穿戴设备等），政策性物联网（智慧安防、智慧消防、智慧交通等），生产性物联网（智能制造、智慧物流、车联网等）。

物联网产业链涉及制造业、物流、零售、政府部门、公共事业、汽车、通信、软件开发、医疗等众多行业，且与这些行业的产业链各个环节联系紧密。尤其是制造业，是物联网技术目前影响最大的领域。据《2019年中国工业物联网市场前景研究报告》预测，工业物联网设备数量将在2023年超越消费物联网设备，可见物联网技术将愈发与各行业产业链的中上游紧密结合。

2. 产业持续稳定发展

如图7-4所示，据GSMA统计，2018年，全球物联网设备连接数量高达91亿个。"万物物联"成为全球网络未来发展的重要方向。2025年全球物联网设备（包括蜂窝及非蜂窝）联网数量将达到251亿个。虽然全球物联网设备数量的增长率预计将在未来5年内持续走低，但仍能够保持12%～17%的年增长率。

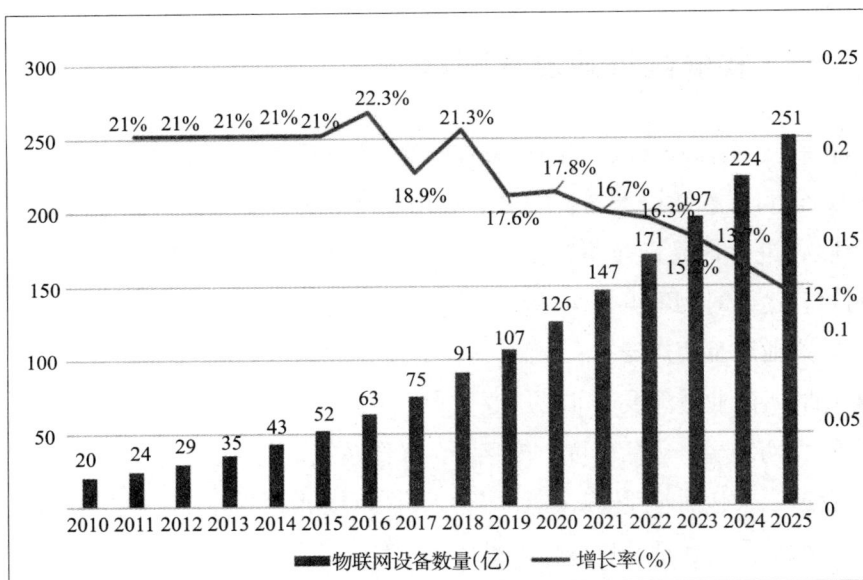

图7-4　2010—2025年全球物联网设备连接数量

国内方面，根据前瞻研究院数据，如图7-5所示，我国物联网产业规模稳定上升，从2014年6000亿元增加至2019年的17 732亿元，增长率高达19.55%。

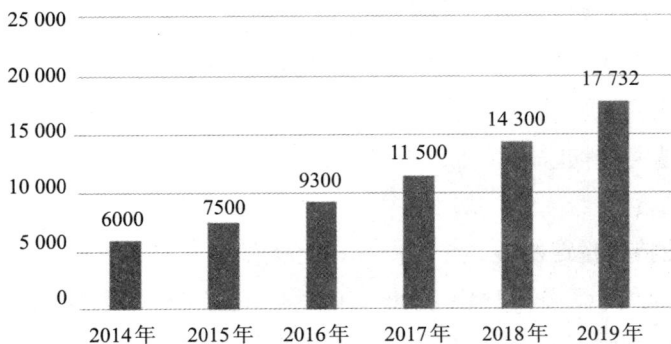

图7-5　2014—2019年我国物联网行业市场规模

二　物联网行业发展痛点

物联网行业涉及面广泛，且与各行业之间联系紧密。因此，物联网在各行业之间，会遇到具有行业特点的困难与痛点。本节所讨论的物联网行业痛点，以及将要讨论的区块链技术在物联网行业的应用，均是基于物联网行业本身的综合特点，而非与各行业深度结合的部分。

1. 物联网安全性问题

网络安全性是传统互联网就面临的严重问题，物联网显然也会面对同样的问题。但与传统互联网不同的是，物联网的网络终端远远不止电脑和手机，还包括各类摄像头、智能家电设备，以及工业物联网设备，如生产设备、器械等等。传统互联网如果遭到入侵，只有线上会受到直接影响；而物联网由于与线下结合更为紧密，一旦遭到入侵，黑客可以直接操纵硬件设备对线下造成实际影响，它所带来的安全隐患，造成的各种损失，将远远比传统互联网更为严重。

2019年5月，武汉市成功破获湖北省首例入侵物联网，破坏计算机信息系统的刑事案件。某公司前员工离职后创业，出于竞争目的入侵了前东家的物联网系统，导致多台物联网终端设备出现故障：自助洗衣机、自助充电桩、自助吹风机、按摩椅、摇摇车、抓娃娃机等均脱网无法正常运行。经统计，共100余台设备被恶意升级无法使用、10万台设备离线，造成了重大经济损失。

如果说上述案例只是造成了经济损失的话，那么接下来的案例可能直接关乎人命。2015年7月，两名网络安全专家做了一场实验，两人在家利用笔记本电脑，通过汽车的联网娱乐系统侵入其电子系统，远程控制车的行驶速度，操纵空调、雨刮器、电台等设备，甚至还把车"开进沟里"。该实验直接导致了美国菲亚特克莱斯勒汽车公司宣布，在美国共召回140万辆轿车和卡车。2017年，美国食品药品管理局（Food and Drug Administration，FDA）更是召回了50万个心脏起搏器，以防黑客攻击。

2. 物联网中心化系统成本问题

当前，物联网业务平台多种多样，支撑着种类繁多的物联网网络和服务需求。但传统的物联网业务平台通常是中心化的，如图7-6所示，其业务平台作为连接和服务中心，连接和管理物联网应用、物联网业务、物联网设备、物联网数据。在传统的物联网业务平台中，物联网应用和物联网业务只有通过物联网业务平台才可以访问物联网设备和物联网数据。

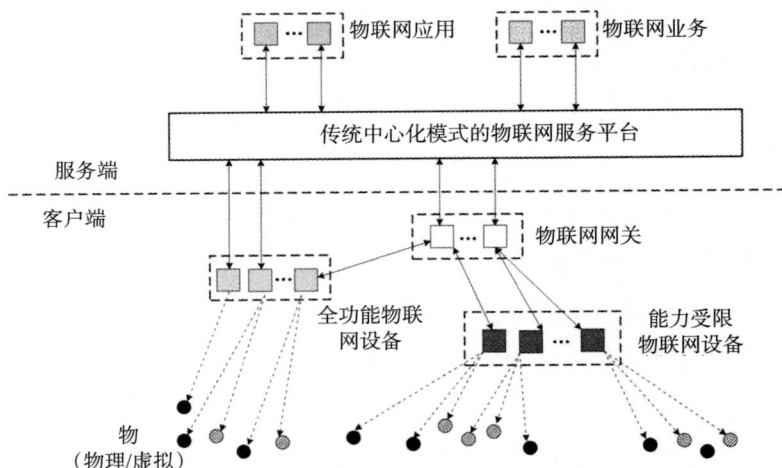

图7-6　传统中心化物联网平台

但是，随着物联网中设备数量的急剧上升，服务需求不断增加，传统物联网服务模式面临巨大挑战，这主要体现在数据中心基础设施建设与维护投入成本的大幅攀升，以及相关物联网业务平台存在的性能瓶颈等问题。

三　区块链技术在物联网行业的应用

通过将区块链技术与物联网技术相结合，可以建立一个去中心化的物联网系统。使用区块链技术搭建的物联网业务平台，是一种去中心化的业务平台，又称作物联网区块链（Blockchain of Things，BoT），如图7-7所示。物联网区块链支持物联网实体（例如，物联网设备、物联网服务器、物联网网关、服务网关和终端用户设备等）在"去中心化"的模式下相互协作。在一个物联网实体上可以部署一个或多个物联网区块链节点（BoT节点）和"去中心化"应用（DAPP）。物联网实体通过去中心化应用连接到BoT节点，进而在物联网区块链上相互协作。

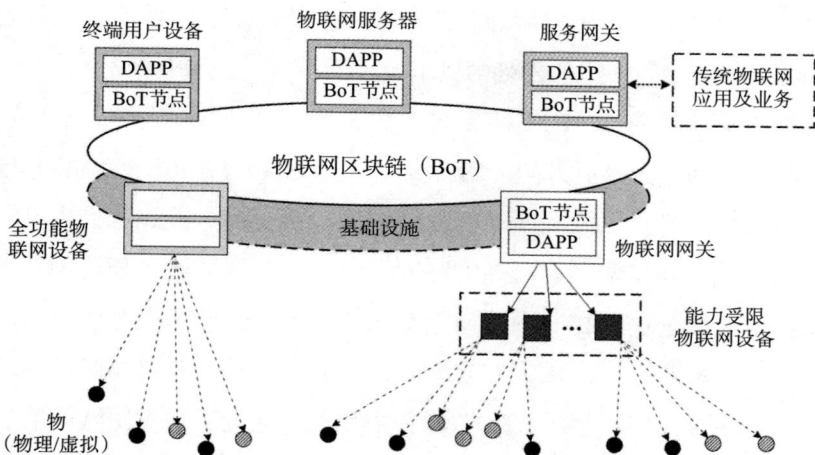

图 7-7　物联网区块链

这样做可以起到以下两个基本作用。

一是保护物联网系统的安全性。目前，物联网设备数量非常多，例如家庭摄像头、智能路灯、监视器等。出于成本和管理等方面的因素，很难做到为所有物联网设备都提供有效的安全保护机制，因此这些物联网设备容易被劫持。为了防止这些物联网设备遭到攻击，相关的管理和运营者可以升级物联网网关，并将其用区块链连接起来，从而保障并提升网络安全。同时，区块链技术还可以利用其不可篡改的特性，将物联网数据实时上链，防止物联网数据遭到入侵者的篡改。

二是降低物联网运维成本。对于通信运营商来说，传统的电信设备运维，面临着诸多问题，例如，设备的日常维护、巡检等工作会耗费大量人力和时间，同时中心化的服务器也会带来高昂的运维成本，还会限制网络的性能。而基于区块链技术，则可以减轻或解决这些问题。利用区块链技术，将中心化服务器改为去中心化的分布式存储，不仅可以节约运维中心化服务器的巨大成本，还可以将传统的设备运维扩展为自动化检查，可极大地提升运维工作效率。

四　区块链+物联网应用案例

区块链在物联网方面的应用广泛，但实际应用案例大多与具体行业相结合，如智慧城市、车联网、智能制造、安防、交通、医疗等。此处仅举以物联网作为方向的两条公链为例。

首先是以太经典。ETC在与ETH分叉后，方向几经调整，之后选择了侧链和物联网作为发展方向。2017年12月，ETC曾在香港峰会表示要进军物联网领域，希望以太经典在物联网领域有所建树。因此我们可以在ETC路线图里找到开发侧链来提高物联网空间的可扩展性的计划。ETC主链高度安全、分散，这和物联网领域中对通信要求的特征不谋而合。从本质上讲，ETC对物联网已经做了充分的准备，剩下的就是等待物联网的基础设施推出和落地。但近年来ETC发展并不顺利，遇到了技术团队解散、双花攻击等难题。可是ETC并没有放弃。2020年2月，ETC宣布与Chainlink达成合作，其主要目标是将分散的Oracle和外部数据引入ETC区块链，允许区块链安全地访问外部数据，使得数据准确、可靠且不受任何可能的干扰，对于以太坊经典和其他区块链上的许多开发人员而言都是有益的，也有利于区块链与传统支付系统、市场数据和基于物联网的数据的集成。

另外一个例子是IOTA。IOTA是一个开源的分布式账户，初衷是给物联网设计的加密货币体系。IOTA认为，在物联网的世界中，海量智能硬件终端之间将会根据用户设定的规则进行大量频繁的小额交易。IOTA相对于其他的区块链项目技术细节有着较为明显的区别。它基于有向无环图（Directed Acyclic Graph，DAG）的概念，这是一种独特的结构——"tangle"，但它使用网络结构而不是链状结构（如图7-8所示），这使它更具拓展性和稳定性。

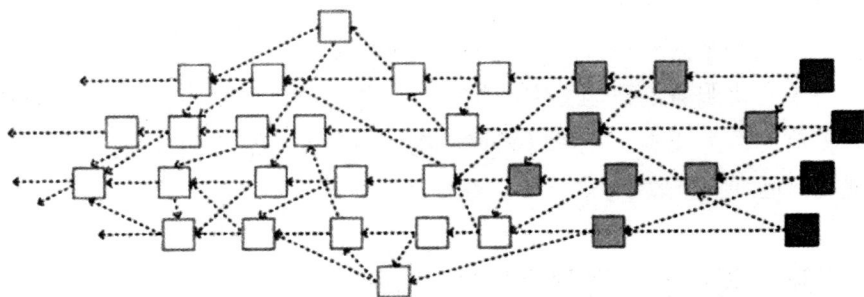

图7-8　IOTA的网络结构

第八章

打造一个企业级
数字生态平台

当前，国际形势诡谲多变，上至国家，下到企业，都面临着过往未有之变局。疫情加速了数字化进程，使数字经济规模不断扩张，也给企业带来了新的机会和新的要求。在信息化之后，数字化的趋势已经非常明显。对于企业来说，理解数字化转型的必要性，找到数字化转型的切入点和定位，理清数字化转型思路，并且在技术和业务架构上实现，都是需要研究的课题。

·····● 第一节 企业级数字生态建设背景 ●·····

一 企业活动与全球价值链

企业是从事生产、流通与服务等经济活动的营利性组织。企业通过各种生产经营活动创造物质财富，提供满足社会公众物质和文化生活需要的产品服务，在市场经济中占有非常重要的地位。

20世纪80年代左右，经济的全球化趋势开始展露，全球价值链，作为全球化背景下的重要课题，也开始被广泛讨论。价值链（value chain）概念首先由迈克尔·波特（Michael E.Porter）于1985年提出。最初，波特所指的价值链主要是针对垂直一体化公司的，强调单个企业的竞争优势。随着国际外包业务的开展和全球化的进程，2001年，格里芬在分析全球范围内国际分工与产业联系问题时，提出了全球价值链概念。全球价值链概念提供了一种基于网络、用来分析国际性生产的地理和组织特征的分析方法，揭示了全球产业的动态性特征。

企业要生存和发展，必须为企业的股东和其他利益集团包括员工、顾客、供货商以及所在地区和相关行业等创造价值。如果把"企业"这个"黑匣子"打开，我们可以把企业创造价值的过程分解为一系列互不相同但又相互关联的经济活动，或者称之为"增值活动"，其总和即构成企业的"价值链"（如图8-1所示）。任何一个企业都是其产品在设计、生产、销售、交货和售后服务方面所进行的各项活动的聚合体。每一项经营管理活动就是这一价值链条上的一个环节。企业的价值链及其进行单个活动的方式，反映了该企业的历史、战略、实施战略的方式以及活动自身的主要经济状况。

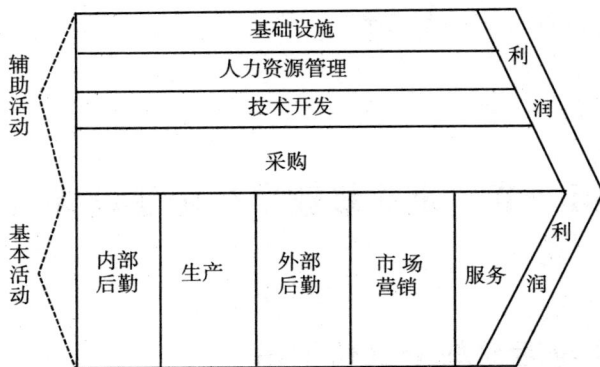

图8-1　企业价值链模型

而全球价值链，是指为实现商品或服务价值而连接生产、销售、回收处理等过程的全球性跨企业网络组织，涉及从原料采购和运输，半成品和成品的生产和分销，直至最终消费和回收处理的整个过程。它包括所有参与者和生产销售等活动的组织及其价值、利润分配。当前散布于全球的处于价值链上的企业进行着设计、产品开发、生产制造、营销、交货、消费、售后服务、最后循环利用等各种增值活动。

随着价值链的研究视角从企业内部逐渐扩大到企业外部，企业的资源和能力要成为竞争优势的来源，就必须使企业以竞争对手不能或优于竞争对手的方式创造价值。企业获取竞争优势的基本路径有三条：在整条价值链上全面超越竞争对手，价值链定位与外包，改造或重组价值链。

在经济全球化背景下，全球经济呈现生产全球化、贸易全球化、金融全球化的趋势。在此背景下，以跨国公司为主导，以生产经营活动的价值链为对象，生产、销售、研发等价值链的各环节被配置于世界各地，以获得最大利润。这种分工体系使单个公司甚至国家的竞争优势不再体现在最终产品和某个特定的产业上面，而变为体现在该主体在全球产业价值链所占据的环节上面。

产业竞争不再是单纯的产品、技术、企业间的竞争，而是价值链的竞争。企业价值链的竞争是围绕价值链进行开发、生产制造、营销、交货、消费、售后等活动，进行增值活动的竞争。而这一系列竞争活动，本质上是供应链的竞争。

二　企业供应链

全球化的发展使企业面对来自全球范围内的竞争与挑战。随着全球价值链分工的不断深入，使企业面临各种压力，包括提高产品质量、降低各环节成本、改进服务等。

全球市场的竞争环境对企业的运作模式提出了更高的要求，要求企业能对变化的市场环境随时做出快速的响应：用户需求、定制化的产品、随时变化的供求关系等，在此基础上，企业将面对新的挑战。

1. 产品种类迅速增加

在现在的市场环境下，单纯地依靠成本优势批量生产一两款产品的模式已经不能有效地应对市场需求（美国汽车工业的崛起就是依靠流水线进行低成本的汽车产品生产）。消费者对产品需求的多样性已经越来越高，这使得企业不得不加大投入进行多样化的产品开发。在这样的大环境下，企业的产品品种数量成倍地增长，导致制造商和经销商的库存大量增加，同时企业成本也激增，严重影响企业资金的周转速度，进而挑战了企业的竞争力。

2. 交货期的要求越来越高

随着竞争的不断加剧，普遍的经济活动的节奏不断提高，客户对时间的要求也越来越高，企业要求厂家的交货周期越来越短，最终消费者也对生产、物流的速度提出越来越高的要求。因此，在尽可能短的时间内满足客户和消费者的要求，已经成为供应链中核心的要求之一。

3. 定制化生产要求不断提高

随着市场化的普遍竞争和消费者消费能力不断提高，多样化、定制化的产品需求也成为当前供应链面对的重要特点。服装、汽车、电子产品等消费品，往往需要提供定制化的需求以满足消费者的个性化需求。这要求企业不得不从大量生产（Mass Production）的生产管理模式转变为批量定制化的生产模式。

在这样的市场竞争环境的新背景下，企业必须具备极强的应对环境变化要求和不确定性的能力。同时随着全球化的深入发展，商业呈现形态已经变为更多的跨国组织和机构在全球内的竞争，市场的竞争不再是企业与企业之间的竞争，而是供应链与供应链之间的竞争。

三　数字化转型的契机

对于企业而言，在日益激烈竞争的市场环境和全球化背景下，数字化转型是企业发展的重要契机。

2020年5月13日，国家发展改革委官网发布"数字化转型伙伴行动"倡议（以下简称倡议）。倡议提出，政府和社会各界联合起来，共同构建"政府引导—平台赋能—龙头引领—机构支撑—多元服务"的联合推进机制，以带动中小微企业数字化转型为重点，提升转型服务供给能力，加快打造数字化企业，构建数字化产业链，培育数字化生态，形成"数字引领、抗击疫情、携手创新、普惠共赢"的数字化生态共同体，支撑经济高质量发展。

倡议提出："加强针对数字化转型共性解决方案的研发。针对传统企业数字化转型面临的共性问题，研发有针对性的解决方案及标准。探索大数据、人工智能、数字孪生、5G、工业互联网、物联网和区块链等数字技术应用和集成创新，形成更多有创新性的共性技术解决方案及标准。"

同时，党的十九大报告指出，要推动互联网、大数据、人工智能、区块链等新技术与实体经济的深度融合，加快建设制造强国，支持传统产业转型升级。

企业数字化转型既是产业层面信息化与工业化深度融合的微观体现，又是企业层面从工业化体系迈向数字化体系的创新标志，是企业不得不面临的一次根本性的变革机会。数字化转型引发了资源属性变化和信息结构改变；同时，资源属性的变化引发了企业边界和市场基础的变化，信息结构的改变引发了组织结构和市场结构的变革，并进一步推动了价值实现方式的变革。

1. 数字化转型中资源属性的变化

威廉·配第将农业经济时代的生产要素概括为：劳动是财富之父，土地是财富之母。劳动和土地成为农业经济的两大生产要素。随着工业化的推进，资本、知识、技术和管理逐步纳入生产要素的范畴，成为企业重要的竞争资源。从工业化的发展来看，经济体在工业化起飞阶段主要使用的是非技能型技术，随着技术密集和资本密集程度的提高，资本和技术的投入增长率逐渐高于劳动力的投入增长率，形成资本深化，推动工业化水平的提升。当步入工业化的后期，经济体中企业家、新兴技术与资本、教育及管理等知识要素相结合的投入增长率，又高于单纯的资本和技术投入的增长率。

新一代数字技术的出现和应用改变了工业化体系的资源属性，丰裕、共享和动态的特征日益明显。这主要表现在三个方面。第一，新一代数字技术通过将所有实体运作进行数字化反映，部分改变了资源的形态、性质和结构，形成与物理资源对应的数据资源。这些数据资源具有标准化和结构化特征，可以被高效地扩散、吸收、调整或传播，使资源具有了高度的流动性。第二，新一代数字技术形成的数据资源具有高固定成本和低边际成本特征，可以低成本地复制和几乎无差错地储存、传递，使以往核心资源的稀缺性和独占性被部分打破。第三，新一代数字技术改变了资源的价值特征和价值创造方式，资源被数字化后可以以新的方式不断加以利用，产生持续的价值，从而成为企业重要的战略资源。

2. 数字化转型中信息结构的变化

工业化体系的信息结构源于工业化的技术和经济基础。受制于获取信息的技术条件和组织条件，工业化体系的信息结构具有时间上滞后和断点、粒度上较粗、内容上不完整等特征。尽管经历了上百年的工业化发展，但信息的不及时、不连续、不细化和不完整一直没有发生质的变化。诚然，随着信息通信技术的出现和应用，企业获取和利用信息的速度在不断加快，广度在不断扩大，深度在不断加深，如ERP企业资源计划、SCM供应链管理等信息系统的应用有效提升了企业利用信息的效率，但总体上只是使信息的不及时、不连续、不细化和不完整程度得到了降低，本质依然没有改变。同时，由于不同信息系统割裂带来的信息孤岛效应，极大地制约了信息和数据的作用。

5G网络、边缘计算、工业互联网、物联网、云计算、大数据、区块链、AI等新一代数字技术的出现和广泛的商业应用，使信息结构出现了质的改变。由于采集、传输、交互和存储信息的技术日益增强，可以不间断地采集和存储所有联网信息，由此，信息结构的特征转变为及时、连续、细化和完整，企业才真正进入数字化时代。在数字化体系下，分布式信息结构和共享式网络平台提供了企业内外高度协同的实时信息交互，这不仅极大降低了企业内外部的交易成本和运作成本，而且产生了大量的创新应用和商业模式。

在工业化体系中，不及时、不连续、不细化和不完整的信息结构使企业只能通过有限、静态、滞后的信息进行各种决策，形成的管理特征是串联式、封闭式、机械式和科层式的。在数字化体系中，及时、连续、细化和完整的信息结构使企业能够通过全样、动态、实时的信息进行各种决策，形成的管理特征是模块式、开放式、生态式和自组织的。

••••● 第二节　企业级数字生态建设思路 ●••••

在数字化转型这一前所未有的契机下，我们分享了一种企业可能进行的数字化转型的思路：围绕企业价值链、供应链，进行企业数字化、产业数字化的设计。本节将此具体拆解为对供应链协同过程的数字化、对供应链金融活动的数字化、对两者的联动进行数字化生态建设的思路和方法的讨论。

一　供应链对协同过程的数字化

在现代供应链理论中，供应链是围绕企业，从原材料或配套零件开始，制成中间产品以及最终产品，最后由销售网络将产品送至用户手中，将供应商、物流服务提供商、制造商、分销商直到最终用户连成一个整体的功能网链结构。该结构一般包含物资流通、信息流通、资金流通。供应链协同管理就是针对供应链上各参与方的合作所进行的管理，强调供应链中各参与方的信息共享，同时保证信息传递的效率和信息的可信度，从而推动业务高效发展。这是供应链中所有利益共同者为了提高供应链的整体竞争力而进行的彼此协作和相互努力。

这种协同通常发生于存在长期合作关系的供应链主体之间，双方或多方基于彼此信任，进行信息共享，为各方主体的业务安排及操作带来便利，提高整个供应链的承载能力和运转效率，分享收益同时共担风险。因此，信任是供应链协同的基础与前提，而供应链长链条、跨区域、高复杂度的特点决定了通过信息资源共享实现高透明度、高协同度的重要性。同时，信任与信息资源共享是协同目标制定与执行、激励机制安排、决策同步及协同绩效管理等具体协同实现的重要基础。

区块链技术在供应链数字化协同中，主要发挥以下的价值。

1. 区块链连接供应链协同各方主体

供应链主体地理位置分散、难以交互的管理系统，提高了协同门槛和复杂度，极易导致供应链协同中的脱节。区块链作为分布式记账技术，天然契合供应链协同主体分散、复杂的特点，可以将供应链主体连接到一起，为协同实现提供高效的基础平台或工具。

2. 区块链为供应链主体带来安全可靠的协同环境

区别于传统基于中心化主体进行信息资源共享的协同管理模式，基于区块链的分布式账本技术可以极大提高协同环境的安全性与可靠度，有效解决供应链协同中的网络攻击及不道德、欺诈等问题。同时基于区块链的智能合约以代码形式存在，可以实现合约条款的自动验证和自动执行，在信任、时间、成本、效率、风险控制方面对于供应链协同带来重要影响。

3. 区块链强化供应链协同各方之间的信任关系

共享信息的可靠性及数据管理的安全性极大影响供应链协同的效率。区块链基于分布式的、节点间账本数据共享、数据可追溯不可篡改等特点，带来基于可信数据的全新信任体系，为信息共享与协同合作提供基础性信任工具，强化供应链协同主体之间的信任关系。区块链改变了传统供应链协同主体信息单向传递的模式，让信息的收集、验证、存储更加可信，而在信息传递及使用上更加扁平，信息共享上更加便利，对于多节点、高复杂度的供应链协同，具有从信任基础到实现手段上的符合性，可以为供应链协同带来更高的信息透明度和可视度。

数字化转型带来供应链组织结构的变化。传统的企业供应链组织结构，往往呈现内部化、低纬度、科层式、纵向一体化的特点。通过数字化转型建设，信息结构变得及时、连续、细化和完整，机械型组织的科层制得以变革为数字化体系生态型组织的网格制（如图8-2所示）。网格制的组织结构是指数字化体系下组织通过网络化、扁平化、模块化、平台化等方式来协调资源，以实现组织生态系统的制度安排。在网格制的组织结构下，资源的集中和分散是相对的和变动的，具有管理边界的可扩充性和可选择性、多层次的规则异构性、多主体的决策自主性以及多管理区域灵活组合的特征，具有"分散、自主、模糊、平等、多元"等创新特征。从这个角度来看，网络化组织、扁平化组织、模块化组织、平台化组织、生态型组织等均属于不同表现形态的网格制结构。

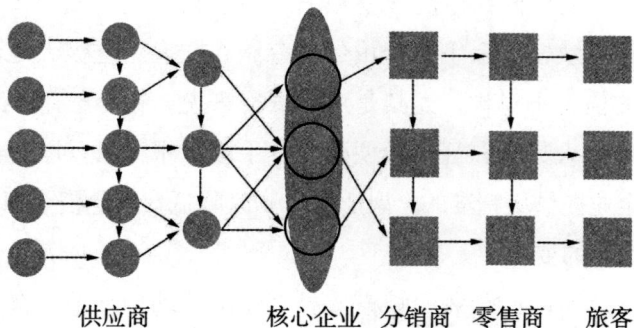

供应商　　　　核心企业 分销商 零售商　旅客

图8-2　组织结构的变化

二　供应链对金融活动的数字化

正如我们在第五章所讨论的，供应链金融过程，是指围绕核心企业，把资金注入上下游企业，整合物流、资金流、信息流，为各环节提供金融服务，提高销售效率，降低经营成本，实现多方共赢的过程。借助区块链技术，我们解决了供应链金融过程存在的信息孤岛问题、核心企业信用传递问题、贸易场景的真实可信问题、履约风险的防范问题。从本质上看，通过区块链、大数据等技术对供应链金融活动进行数字化转型升级，是由资源属性的变化带来的企业边界的变化，从而达到价值实现的过程。

1. 金融活动过程中资源属性的变化

在传统体系下，企业的采购、生产、交易活动的数据资源往往局限于企业内部：一方面，传统的 ERP 和 SCM 过程往往不能实时、完整、细化地对这些活动进行数字化；另一方面，对于这种数据资源，缺乏一种有效的手段在不同的主体之间进行交互和协作。通过区块链等技术对企业供应链实施数字化转型，使数据资源具有高固定成本和低边际成本特征，可以低成本地复制和几乎无差错地储存、传递，在不牺牲数据隐私性的前提下，使以往核心资源的稀缺性和独占性被部分打破。这改变了资源的价值特征和价值创造方式，使得资源被数字化后可以以新的方式不断加以利用。

例如，在供应链网络中的贸易数据，由于数字化手段的实施，使得贸易数据可以在区块链平台上安全可信地存储、交换。这极大地消除了企业与外部世界的信息不对称，尤其是对于银行来说，银企信息不对称将被极大地消除。利用大数据和征信模型建立等手段，银行可以以更低的成本为供应链中的企业提供更精准的金融服务，同时降低自己的资金风险。

2. 企业边界的变化

在工业化体系中，企业的规模边界主要由劳动、土地、资本等有形资源决定，企业的能力边界主要由知识、技术和管理等无形资源决定。能力边界构成企业边界的核心属性，决定企业规模边界的变动方向。资源的稀缺、独占和相对静态性，使资源难以快速流动和变化，因此，工业化体系的企业边界是相对确定的。

在数字化体系中，数据日益构成企业重要的战略资源，与此同时，劳动、管理等资源也通过不断的数据化，形成虚拟聚合与重组。数据资源的快速流动和变动不仅使企业规模边界的变动方向不确定，而且使企业能力边界的变动方向不确定。由于数据资源化和资源数据化过程中存在大量的组合可能，因而资源属性的变化会使企业边界变动的方向具有很强的不确定性。一方面，企业内部的数据资源流动会降低内部协调成本而使企业边界扩大，容易形成跨界颠覆创新，组织的平台化和生态化变得更为有效；另一方面，外部市场的数据资源流动又会降低企业外部协调成本而使企业边界收缩，形成开放式创新和各种合作模式。

在供应链金融活动中，由于数据的低成本流动和共享，极大意义上淡化了传统企业的信息边界。基于供应链各个环节上的数据流，银行和金融机构可以有效地将资金流引导向供应链中的关键环节，提升供应链整体的运转效率，提升供应链整体的生产和销售规模，进而提升供应链整体的市场竞争力。

3. 数字生态与价值实现

通过区块链技术和数字化手段，最终使参与供应链的每一参与角色受益，具体分析如下。

（1）对于银行和金融机构，利用数字化的手段和平台建设，通过区块链技术可以将一切贸易相关原始信息上链存证，在风控环节有丰富全面和真实的数据做风控依据，极大地降低了银行资金风险。同时通过金融全过程的数字化，可以提高供应链金融活动的运作效率，降低金融过程中的各种人力成本和摩擦成本。银行得以通过数字化手段，直接切入核心企业，以点带面地实现客户群体的开发，通过数据深入分析供应链上各企业之间的交易和贸易关系，有效地把握物流、资金流和信息流，使得商业银行不仅能够向核心企业提供深层次的金融服务，而且可以实现对供应链内中小企业的市场开发，极大地拓展了商业银行的发展空间。

（2）对于核心企业而言，通过数字化转型，以基于数字化的方式进行优惠的融资安排，将传统对核心企业的授信融资转变为对其上下游中小企业的融资，从而降低核心企业的融资成本及资产负债率，优化财务结构。同时，核心企业可以依靠对供应链实时、完整、细化的数据资源进行决策，通过延长采购赊销账期、加速销售回款、买方贴息票据等，从供应链整体增值中获取额外的金融收益。

此外，通过对核心企业上下游的企业进行精准的融资方案安排，使其有能力增加原材料和产成品的销售，将供应链各方利益紧密地联系在一起，使核心企业与上下游中小企业建立起长期的贸易合作关系，扩大整个供应链的生产和销售规模，提升供应链的应急能力和稳定性。

（3）对于中小企业而言，中小企业是构造市场经济的主体，是推动国民经济发展、促进社会稳定的基础性力量，在缓解就业压力、确保国民经济高速发展、优化产业和经济结构等方面发挥着越来越重要的作用。由于中小企业受规模和管理水平的限制，企业抗风险能力较差，违约成本更低，传统方式下中小企业获取融资的成本很高，获得的信贷支持也很少，通过在供应链中建立真实贸易场景关系，资金流入中小企业，激活了整条供应链的运转，为中小企业赢得更多商机。

4. 数字生态的形成

在企业传统的工业化生产体系下，一方面，企业的价值获取主要依赖其所提供的产品和服务，因此，价值实现方式往往是单维的，受数量、成本和价格的影响；另一方面，企业的价值提升主要是沿价值链攀升，表现为微笑曲线式的价值提升方式。故总体上价值实现受规模报酬递减的约束。

通过数字化转型，建设企业级数字生态，进行企业边界、市场基础、组织结构及市场结构的变革，使生态中的企业总体呈现规模报酬递增的价值实现特征，这是建设数字生态的本质。一方面，企业通过对数据资源的充分利用和开展多种方式的跨界合作，能够创造出除产品和服务之外的新利润来源，形成多维赢利模式，拓展价值实现的空间；另一方面，在数字化的价值网络中，企业既可以沿价值链攀升，又可以在随机价值曲面中获取跨界价值、动态价值等报酬递增优势。由此可见，与工业化体系相比，数字化体系下企业的价值实现有了本质改变。

第三节　技术与业务架构案例

本节我们将通过两个案例，说明在数字化转型过程中，如何通过区块链技术，赋能企业级的数字生态建设，实现数字化体系下的企业价值。

一 去中心供应链数据协同架构

在供应链各个环节上，重复发挥各个企业的数据协同作用，需要建立一套有效的数据共享和数据交换机制，但在数据共享机制的设计中，我们需要突出考虑三个核心问题：

（1）如何保证数据所属权；

（2）如何避免企业核心数据隐私安全；

（3）如何建立一套易接入的数据共享架构。

通过区块链技术，我们对不同的企业间部署节点，在供应链的参与方各自的应用操作中，将业务系统产生的数据写入区块链，实现数据的实时共享。其基本技术架构如图8-3所示。

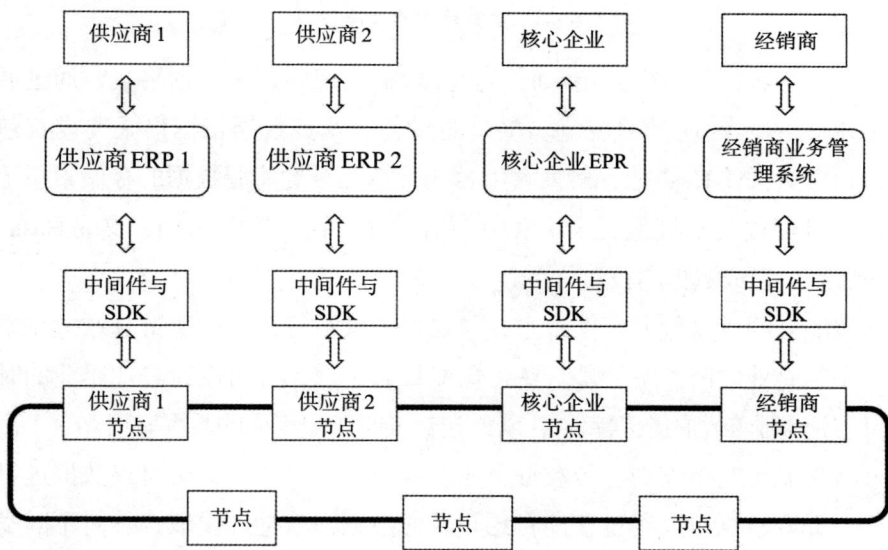

图8-3 供应链数字化协同系统架构

企业建设各自的节点，与自己的业务系统进行集成，同时，不同企业间的节点组成P2P的网络结构，通过点对点网络协议进行交互，组成一个企业间的联盟链（分布式账本）。该账本记录参与的企业和机构共享数据的索引、相关的日志和数据的校验信息，同时通过共识协议进行数据的同步确认，确保链上数据的真实性和一致性。

具体的数据共享流程如图8-4所示。

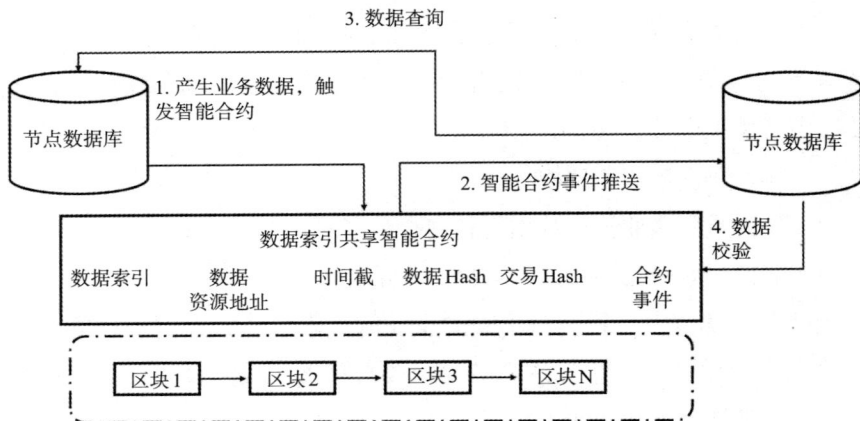

图8-4　数据协同共享流程

当业务数据触发上链请求时，企业根据实现约定的数据格式，通过通用SDK的方式实现相关规范和接口的封装。业务数据根据格式要求打包后，计算数据的Hash值，触发智能合约，智能合约将源数据的存储索引记录，同时形成交易打包到区块链中，结合时间戳、数据Hash、交易Hash、交易块高，形成数据的校验体系。

智能合约可以触发事件日志，该操作记录被写入到联盟链分布式账本中，不同企业同时监听智能合约发出的日志记录，并可以将其他企业的时间日志记录于自己的数据库中，以便在查询时匹配相应的数据索引。

当其他企业接收到上传数据企业的数据事件日志后，可对该数据进行提取。提取数据可以经过智能合约记录的数据提取地址提取，针对不同类型的数据，数据提取地址可以设置相应的通道、权限控制体系；同时，也可以对不同敏感程度的数据进行脱敏、加密等操作，以确保数据安全性、数据隐私性。

当企业提取相关数据后，由第一步获得的时间戳，数据Hash、交易Hash、交易块高信息、企业可以对数据形成二次校验，一方面确保传输过程中数据的完整性，另一方面也避免了对历史数据的篡改。关于数据摘要和数据校验体系，我们在第一章的技术章节中做了初步的探讨，同时，该部分也是区块链设计和实践中差异较大的部分，选取不同的数据摘要算法，设计不同的数据校验要素，都需要严谨的推演后形成相关的联盟链标准。

在上述流程中，数据的所属权、数据的隐私权等问题都得到了相应的解决。

对于数据的所属权，我们通过联盟链中的CA证书和权限签发体系，建立了联盟链节点的准入，保证了只有准入的企业可以对数据进行记录。CA证书代表企业的数字身份，每一个数字身份的私钥只保存于企业数据产生方中。在调用智能合约记录数据的过程中，企业完成了对数据的签名。这个数字签名就代表了企业对数据的实际所有权，任何一方不能冒认或者否认任何一条数据记录的所属权。

对于数据的隐私权而言，一方面，我们通过对数据的摘要和数据的内容进行分离式的设计以保障数据的隐私。智能合约只完成对数据摘要和数据提取地址的记录，对于具体的数据内容，企业可以进行自己的设计，这就包括对数据脱敏处理的灵活性。对于涉及企业隐私的具体数据科目，企业可以对数据自由设计相应的脱敏算法，保证在发挥数据价值的同时，不泄露企业的核心商业敏感数据。另一方面，这种分离数据也可以方便企业对数据进行各种形式的加密，包括不同的加密算法（例如国密SM2、SM3、SM4等）。不同的加密保护协议和秘钥交换协议，可实现数据加密秘钥与企业身份秘钥的分离。对不同级别、不同时间、不同主题、不同共享范围的数据使用不同的秘钥，通过合理的设计和安排，可极大地提升数据的安全性和数据隐私层级设计的合理性。对于金融系统的应用，也可以参考《金融分布式账本技术安全规范》进行相应的数据加密的设计。

同时，通过零知识证明技术、同态加密技术、安全可信执行环境技术的不断创新与完善，完成了数据内容与数据摘要记录和校验的解耦。我们可以将不同的技术分别应用于不同的数据范围，在保证系统核心机制不变的前提下，最大限度地提高系统的可扩展性和前项兼容性。

另外，对于已有信息化系统的企业，在一般的设计方案中，随着区块链的引入，共享数据往往需要对传统的 ERP、SCM 等系统产生改造的需求。在此设计中，一方面，我们对每一个企业都安排了专门的数据节点进行对接，在对接过程中，通过提供相应的 SDK 与中间件，企业可以直接对传统系统的数据库进行集成，对原有系统的源代码零修改实现数据与业务的上链。在中间件层，我们可以封装相应的联盟链数据标准与规范，实现数据的压缩、清洗、脱敏、加密等逻辑处理。另一方面，在企业传统的业务系统中，由于不同企业的业务系统不一致，大部分使用外包开发，代码古老，缺乏专业的维护人员，同时修改成本高，往往带来对业务系统改造不现实的情况出现；而通过这样的设计，可极大优化传统区块链架构下的业务系统修改和升级的问题，在覆盖更多供应链企业的同时，具有更强的可操作性与普适性。

二　一套供应链金融模式和系统

金融服务是企业级数字平台的重要组成部分，在此我们设计了一套供应链金融模式和具体的架构，为读者提供参考思路。

在企业信息化技术较为普及的今天，不少行业的核心企业和一级供应商/经销商，具有较好的信息化水平，但链条上其他层级的中小企业信息化程度都难以达到银行等金融机构要求的数据标准。同时，当链条上不同主体采用不同类型的信息管理系统时，信息传递缺乏一致性、连续性，容易形成信息孤岛，难以获得有效的数据进行风险判断及管理，也难以核实交易的真实性。可见，区块链技术应用的前提之一，是全链的数字化，其背后的原因在于，需要借助数字化转型手段，对供应链上数据资源的资源属性进行重塑。

供应链金融针对的重要资产标的为各种在供应链中流通的动产，利用供应链的自偿性可以实现对供应链上各个参与者的普惠金融服务作用。所谓动产是指所有可移动之物，有形或无形，现有的或未来获取得的，均无不可。动产包括设备、存货、农产品、不动产附着物、待砍伐的树木、待开采的矿物、应收账款（包括那些被卖出的）、票据、物权凭证、出租的有形动产以及担保物的收益。

使用区块链为供应链上各参与方实现动产权利的自动确认，形成难以篡改的动产权利账本，解决现有权利登记、权利实现中的痛点。以应收账款权利为例，通过核心企业 ERP 系统数据上链实现实时的数字化确权，可以避免现实中确权的延时性，对于提高交易的安全性和可追溯性具有重要的意义。一是可以实现确权凭证信息的分布式存储和传播，有助于提升市场数据信息的安全性和可容错性。二是可以不需要借助第三方机构进行交易"背书"或者担保验证，而只需要信任共同的算法就可以建立互信。三是可以将价值交换中的摩擦边界降到最低，在实现数据透明的前提下确保交易双方匿名性，保护个人隐私。

同时，供应链金融的风控最重要的指标在于对贸易真实性的调查。交易真实性的证明要求记录在数字世界的债权信息中。我们必须保证数字信息与真实信息的一致性，这是开展金融服务、风险控制的基础。供应链金融需要确保参与人、交易结果、单证等是以真实的资产交易为基础的。交易真实性证明，如果采用人工的手段进行验证，存在成本高、效率低下等明显不足。大型企业供应链在快速运作中，人工验证难以实施，这极大地限制了供应链金融的效率，同时会产生大量人力成本。

在此背景下，我们通过对数据的"交叉验证"来检验贸易真实性。数据交叉验证是通过算法来遍历并验证交易网络中的各级数据。其中，各级数据包括：各节点的计算机系统，操作现场，社会信用系统（税务、电力部门等）等截取的数据；中间件，硬件（如 GPS、RFID 等）等获取的节点数据。验证的方式包括：

链上交易节点数据遍历，检验链上交易数据的合理性；

交易网络中数据遍历，验证数据的逻辑合理性；

时序关系的数据遍历，验证数据的逻辑合理性。

通过以上三重数据交叉验证，形成由点到线、再到网络的交易证明系统，可全面检验交易真实性，最终获得可信度极高的计算信用结果。

应收账款的真实性形成，涉及主体、合同、交易等要素。其真实性的逻辑关系解释包括三点：一是主体的真实性，交易双方是真实、合法的主体；二是合同的真实性，即基础合同的真实、合法，如果签名、公章为伪造，则属虚假合同；三是交易的真实性，即发生实质上的资产交易。如果合同是真实的，但没有发生真实的交易，目的在于获取银行资金，则为虚假交易。但是真实的合同，也可能产生虚假的应收账款。例如，虚开交易单证或虚报交易金额以获得更多的贷款，就是虚假的应收账款。所以，以应收账款为信用管理的最小单元具有合理性。线下开展业务时，需要对主体身份进行确认、对合同进行确认、对交易进行验证等，但签章和单证等的真实性受技术条件的限制，成为产生风险的环节。

通过区块链、物联网、互联网与供应链场景的结合，基于交易网络中实时动态取得的各类信息，能够多维度地验证数据，提高主体数据的可靠性。如采购数据与物流数据匹配、库存数据与销售数据匹配、核心企业数据与下游链条数据匹配，以降低信息不对称所造成的流程摩擦。

在经过数据的交叉验证后，保证了贸易的真实性的调查和风控环节。以应收款项业务保理为例，区块链技术可以将核心企业的信用拆解，通过共享账本传递给整个链条上的供应商及经销商。核心企业可在该区块链平台登记其与供应商之间的债权债务关系，并将相关记账凭证逐级传递。该记账凭证的原始债务人就是核心企业，那么在银行或保理公司的融资场景中，原本需要去审核贸易背景的过程在平台就能一目了然，信用传递可沿着供应链的链条逐级传递，并形成相应供应链票据的区块链版本，其优势如表8-1所示。

表8-1　区块链票据与其他票据的区别

特点	商票	银票	现金	区块链票据
自由拆分	不可拆分	不可拆分	易拆分	易拆分
操作便利	较不易操作	不易操作	易操作	易操作
融资便利性	不易融资	不易融资	易融资	易融资
支付成本	低	中	高	低
融资成本	很高	较低	低	较低

　　基于上述供应链金融数字化建设思路，一种典型的供应链金融数字平台可采用如图8-5所示的参考架构。

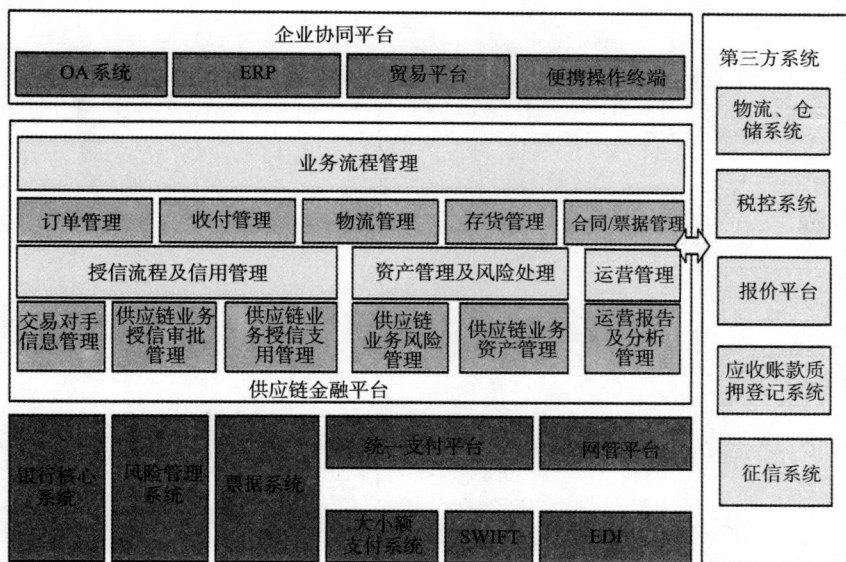

图8-5　一种典型的供应链金融数字平台架构

BLOCK
CHAIN

展望篇

任何技术都不是静止不变的，对于还处于初级阶段、不断发展变化的区块链技术来说，更是如此。那么，我们应该如何把握未来区块链的发展方向呢？从短期来看，应该对区块链技术的热点研究方向有所了解；从长期来看，应该从更为本质的层面理解区块链所起到的作用，从而理清这门技术发展进步的脉络。

第九章

区块链和未来数字社会

目前，区块链技术仍处于发展的初级阶段，这意味着区块链技术还远未成熟，也意味着区块链技术还有很大的发展空间。不过，要实现这些发展，无论是从技术层面，还是从行业层面，都还有很多困难需要克服。首先，区块链需要克服自身的性能瓶颈、底层优化、链下链上互通等难题；其次，区块链还要将自身的发展与各行各业的发展结合起来，发挥作用，做出成效。而这一切，是否能够按照预定的轨道行进，我们将在本章中做出一些可见范围内的预测。

第一节　区块链未来的发展趋势

一　区块链的技术发展趋势

在"10·24集体学习"中，习近平总书记要求加快推进区块链核心技术突破。不得不说，虽然目前我国在某些方面（如区块链专利数量）遥遥领先，但在许多核心技术方面，仍然处于较为落后的状态，这严重限制了我国区块链产业的发展。而在区块链技术的众多发展方向中，有一部分是全球研究者关注的核心，也是区块链技术实现自我突破，克服瓶颈，取得更广泛应用的关键。这些关键点，无疑将成为区块链技术发展的重中之重，也是区块链技术发展的方向。

1. 共识机制

共识机制是区块链最为核心的环节之一，也是决定一个区块链网络运行机制、发展方向，乃至生死存亡的核心机制。我们在之前的章节中对共识机制进行了简单的介绍。然而，现存的共识机制，都或多或少有着其明显的缺点，这些缺点制约了区块链技术的进一步发展。同时，目前常用的共识机制，我国尚无具有自主知识产权的类型。因此，我国在共识机制的研发上，仍然处于一个几乎空白的状态，亟待填补。

2. 高性能技术

现阶段，区块链不是一种2C的应用技术。从这个角度出发，单纯要求区块链解决性能瓶颈问题并不是一个应用落地的充分必要条件。高盛2019年区块链分析报告提出，区块链技术能够大幅度降低企业间合作成本，提高效率。目前，联盟链是现阶段最具落地性的区块链技术。

现阶段具有某些业务往来的企业逐渐联盟起来，形成小范围的联盟链试点，一旦新型业务模式形成，势必会有其他企业加入。随着小联盟逐渐壮大，从而形成以核心企业为主导的、第三方监管机构监督的行业联盟链。而随着核心企业行业联盟的进一步扩大，多个核心企业所围拢的多条联盟链也会因为业务需求、监管要求统一成一条超级行业联盟链。企业间的竞争逐步变成拥有相同数据情况下的服务竞争。以去中心化电商联盟链为例，全社会贩卖的商品都存放于同一区块链网络，电商平台的竞争逐步就表现为链上数据的聚合、分类及差异化营销。

公有链属于2C，联盟链拥抱2B。区块链现在面临的TPS（Transaction Per Second，每秒交易量）问题，2B的联盟链场景下，更多直面的是多个企业间业务数据的共享及交互，不涉及C端，因此大多数的业务场景其实都可以采用异步上链的方式进行数据共享交互，已经可以满足其实时性需求。

但考虑到未来区块链技术的大规模应用和少部分高频业务，联盟高性能关键技术需要在各个方面进行技术突破，包括高性能的共识算法、高效智能合约引擎，以及新型的共识机制来提高共识效率与安全性，支撑大规模网络结构的主网。这个方向无疑是各个区块链服务公司竞争的焦点和核心发力点。

3. 数据承载能力

数据的极度冗余是区块链本身技术特性导致的，现在行业也已经有相对的解决方案，那就是节点分级。比特币中逐渐有了全节点与轻节点的区别，全节点维护全网从创世区块到当前区块的所有数据，而轻节点只保留与特定账号相关数据，这是一种解决方案；类POS共识机制区块链在此基础上探索其他方法，那就是从全部节点中推选出少量节点维护账本，其他节点（终端）依赖这些选举出来的节点与区块链网络交互；更有甚者是对节点进行多角色划分，不同节点负责不同的工作，有负责计算的，有负责存储的。

在联盟链中，数据存储的负担相对较弱，因为联盟链较高的准入门槛和"有权限"的加入方式，一定程度上保证了区块链节点的配置可以使用较高的硬件规格进行。但在大规模应用区块链技术的场景中，数据承载能力仍然制约链上业务的规模。所以节点分级、分配、跨链互通等技术，无疑是提高区块链数据承载能力的关键方向。

同时，在实际的业务中，可以通过数据指纹技术压缩链上数据的数据量，上链的并不是数据实体本身，而是其数据指纹，数据指纹的采集现在多数采用数据哈希。数据本身可以存放在任意地方，比如说IPFS或者传统数据库中。

4. 区块链数据来源

目前，链上链下数据互通，在区块链行业中是一个单独的领域，叫作预言机（Oracle）。到现在为止，预言机还没有一个能够被行业广泛认可的解决方案。因此这确实是一个困扰区块链发展的难题，其中的关键点在于：摆脱上链数据人为的干扰。

如果从这个角度出发，5G与物联网技术就能够跟区块链技术结合在一起了。比如在防伪追溯领域，我们就可以采用传感器等物联网设备直接采集商品数据，然后传感器与链直接交互，将数据上链，中间不经过任何利益相关方。

当然，现阶段并不是所有的业务场景都可以被直采数据，同时物联网的发展程度也还不够。随着5G时代的到来，物联网与区块链的结合无疑是一个新的爆发点。2019年10月12日，在由中国计算机学会（CCF）主办的"2019CCF区块链技术大会"上，中国工程院陈纯院士发表了题为《联盟区块链关键技术与区块链的监管挑战》的演讲，其中也提到了这一方向，链上链下互通问题上的新技术、新思路，对溯源、供应链、税务等领域的区块链应用场景都会发挥巨大的作用。

二 区块链的应用发展趋势

在前面的章节中，我们非常详细地介绍了区块链技术在各个行业的应用。当然，在实际操作中，区块链技术在这些行业的应用并不是完全同步的，而是根据行业特点的不同，普遍存在部分行业应用速度更快，部分行业应用速度相对更慢的情况。我们认为，区块链技术在各个行业的落地速度，主要由以下几个因素来决定。

（1）业务线上化程度

由于区块链技术只能保障链上数据的真实性，因此，线下数据的上链（也就是预言机系统）仍然是区块链技术的一个难题。在预言机系统成熟之前，线上业务应用区块链技术的优势相对线下业务仍然是非常明显的。例如，金融行业的数据大部分均可通过线上产生，或者通过信息化在线上产生。目前我国金融系统的信息化程度已经较为完善，因此金融系统的天然线上属性成了金融行业能够在区块链落地中处于领先地位的重要原因。

相对地，供应链溯源则直接面临着链下数据上链的难题。食品也好，药品也罢，其生产溯源数据往往是先在线下产生，才通过各种人工或者自动化手段上传上链。目前的物联网技术水平和成本还难以支持溯源系统的数据全面、准确地即时上链，这给链下数据造假提供了一定的机会。当然，区块链的引入还是会增加造假者造假的成本，但仍然留下了一部分空间，因此，溯源虽然也是区块链的一个热门应用领域，但我们认为相对于金融，溯源的应用脚步将会稍微慢一些。

（2）推动方式

我们在之前的章节中曾经列举过统计数据，目前中国落地最多的区块链应用类型是政务类。而政务类的项目，大多为各级政府从上向下驱动。"10·24集体学习"对于区块链行业的影响是相当显著的，可见政府从上向下驱动的推动方式，在区块链产业现有的发展阶段，有着非常强大的驱动力。

从政务类应用的例子中我们可以看出，虽然区块链技术是促进多方平等协作的技术，但在目前阶段，仍然需要一个发起方。当这个发起方具有一定的话语权，能够带动其他参与方一起加入到区块链系统中来时，该项区块链应用可以以更快的速度推进。

（3）区块链体现价值的形式

区块链技术在建立信任的基础上，有着不同的价值体现形式，这一点我们在之前的章节中进行过详细阐述。但在这些不同的价值形式中，能够实现这些价值的阶段也是不同的。目前，区块链技术应用较广的领域，往往实现的是区块链打破数据孤岛，实现数据共享的价值，如金融、政务、版权等都是如此。而由于区块链的基础设施仍不成熟，想通过区块链技术来改造合作机制与组织形式，仍较为困难，也较少有区块链应用在这方面发力。

因此，当某个应用领域通过数据共享能够获得较大价值时，该行业很可能能够较快地应用区块链技术。但如果某个行业不需要数据共享，或者数据难以共享，例如一些涉密行业，那么这些行业在区块链技术的应用上，步调会更慢一些。

综合上述分析，我们认为，在短时间内，区块链技术应用最为迅速的领域将是以下几个。

（1）政务领域

政务是目前落地最为广泛的区块链应用领域。其原因是多方面的。其一，国家层面的高度重视，有力推动全国各地各级政府将区块链与产业相结合。其中，各级政府应用最熟悉、最方便的就是政务领域，自上而下推动也较为顺利。其二，区块链在政务方面的应用可以以较低的成本就获取较为明显的效果。在政务方面的应用，不必考虑通证等复杂因素，只需要打通不同部门之间的数据，即可在政务效率上得到明显的提升。其三，区块链政务应用对成本的敏感度更低，没有商业目的，也不必做商业模式的逻辑设计，整个过程更为简单。

在这样的逻辑下，我们推测：政务区块链应用在未来短期内仍会保持一个领跑地位。

（2）金融领域

除政务外，金融是区块链最广泛的应用领域，也是区块链商业应用最广泛的领域。首先，金融线上属性强烈，大部分业务均可以在线上完成闭环；其次，金融行业标准化程度高，相关的信息均可以标准化的形式来进行量化；再次，金融行业所面临的最核心的痛点就在信息不对称，金融的核心是风控，而风控正是减少信息不对称的手段，因此金融行业非常迫切地需要信息共享；最后，金融行业的业务范围遍及各行各业，是国民经济各行各业的必要基础工具，影响极其广泛，业务优化所带来的利好也非常明显。

（3）版权领域

版权保护的核心诉求是提供简单、可快速辨别、公信力强、成本低的证据。在这一点上，与区块链的不可篡改属性完美契合。将区块链应用于版权领域，只需利用区块链的基础属性，即可达成最主要的目的，整个过程非常简单，甚至无须发挥区块链数据共享的价值即可达成一定的效果。另外，虽然版权所对应的内容形式多种多样，但单就版权保护来讲，整个过程的线上属性很强，甚至关于版权的纠纷都可以在互联网法院上直接进行审结，这样的线上属性非常有利于区块链作用的发挥。

第二节　区块链与新基建

　　基础设施主要指为社会生产和居民生活提供公共服务的工程设施，是用于保证国家或地区社会经济活动正常进行的公共服务系统，是社会赖以生存发展的物质基础条件。过去数十年里，基础设施作为我国经济社会发展的重要支撑，对提升生产效率、改善人民生活质量起到了巨大的促进作用。但随着社会生产生活模式的不断进化升级，原有基础设施开始难以满足社会高效运作的需求，新一代基础设施建设的呼声越来越高。

　　2018年12月，中央经济工作会议确定2019年重点工作任务时提出"加强人工智能、工业互联网、物联网等新型基础设施建设"，这是"新型基础设施建设"（简称新基建）首次出现在中央层面的会议中。随后，"新基建"一词频频出现在中共中央政治局会议、国务院常务会议、中央全面深化改革委员会会议上。2020年4月1日，习近平总书记在浙江考察时指出，要抓住产业数字化、数字产业化赋予的机遇，加快5G网络、数据中心等新型基础设施建设，抓紧布局数字经济、生命健康、新材料等战略性新兴产业、未来产业，大力推进科技创新，着力壮大新增长点、形成发展新动能。

　　不过，"新基建"这个概念一直没有官方权威的定义和范围界定，关于究竟新基建包括什么内容，众说纷纭。直到2020年4月20日，国家发展改革委才对新基建做出了权威的定义。

　　新型基础设施建设是以新发展理念为引领，以技术创新为驱动，以信息网络为基础，面向高质量发展需要，提供数字转型、智能升级、融合创新等服务的基础设施体系。新型基础设施包括以下部分。

　　信息基础设施（基于新一代信息技术演化生成的基础设施），又分为通信网络基础设施（包括5G、物联网、工业互联网、卫星互联网等），新技术基础设施（包括人工智能、云计算、区块链等），算力基础设施（包括数据中心、智能计算中心等）。

融合基础设施是支撑传统基础设施转化升级的融合基础设施（包括含智能交通基础设施、智能能源基础设施等）。

创新基础设施是支撑科学研究、技术产品研发，带有公益性质的基础设施（包括重大科技基础设施、科教基础设施、产业技术创新基础设施等）。

我们可以看到，区块链在新基建中属于信息基础设施中的新技术基础设施。那么，区块链在新基建中处于一个什么样的地位呢？我们认为，区块链在新基建中起到了一个基础作用，因此可以被称为"基础中的基础"。

其中，区块链对数据安全和数据治理的作用非常关键。我们在新基建的构成中可以看到，各类新基建都需要建立在数据的基础之上。无论是通信网络基础设施中的物联网、工业互联网，还是新技术基础设施中的人工智能、云计算，抑或算力基础设施中的数据中心、智能计算中心等，无一不需要通过海量的数据收集、处理、输出过程来达到自身的效果。而融合基础设施中的智能交通、智能能源，创新基础设施中的研究和研发，也离不开数据。

因此，区块链能够进行数据确权，这对整个新基建来说都非常重要。在第七章中，我们详细论述过区块链在数据确权方面所起到的作用；而我们现在知道，数据在整个新基建的建设中所起到的重要作用，那么，区块链技术在新基建中的定位也就非常清楚了。

第三节　区块链的数字社会图景

2019年11月26日，中央全面深化改革委员会第十一次会议审议通过了《关于构建更加完善的要素市场化配置体制机制的意见》（简称《意见》）。2020年3月，该《意见》正式发布。该《意见》首次将数据定义为除土地、劳动力、资本、技术之外的第五生产要素，对于数字社会来说，这无疑是重要的一步。

毫无疑问，在未来，数字经济将会是未来经济的趋势，而数字社会也会是未来的社会形态。数据将会成为最重要的生产资料，而数据的质量将会成为生产资料的质量。

数字经济的发展，将会围绕着三个方向展开：数字化、网络化、智能化。而包括区块链技术在内，大数据、人工智能、物联网，这些尖端技术无不证明着数字经济的发展方向。而在其中，区块链的地位非常特殊。区块链通过保证数据的真实性，促进数据的共享和流转，可以成为其他技术的驱动力。而除此之外，在之前的章节中我们曾经论述，区块链技术与其他技术不同，区块链技术直接影响着生产关系，因此区块链技术将不仅仅是大数据、人工智能等技术的驱动力，更是整个数字社会的驱动引擎。

如果说数字经济1.0是简单的信息化，数字经济2.0是在传统经济上进行数字化改造，那么数字经济3.0就是利用区块链技术与通证来改造信用，解决金融问题。信用是金融的本质，在金融过往的发展历史上，往往因为信息不对称的问题而造成各种不良后果。区块链技术的出现显然是解决信用的一剂良药。数据上链、不可篡改、去中心化，区块链技术让信息变得透明、真实、对称，为金融注入了新的活力。这种对传统信用体系的升级和转变，显然将引领各个行业的共同改变。

在此基础上，未来社会也将构筑在数字社会之上。在这个数字社会中，区块链技术将会保证数据的真实性和透明性，成为整个数字社会的地基；同时，区块链技术也会保证数据的共享和流转，成为整个数字社会的驱动引擎。

我们大可以期待这样的一个未来世界，在这个世界中，公开数据真实而透明，信息不对称程度大大降低，人们之间充满着信任，欺骗难觅踪迹；隐私数据稳固而隐秘，没有人能够窥探或者利用他人的隐私牟利；人们组成一个又一个分布式组织，以低廉的沟通成本进行高效的协作，创造价值，并进行合理的价值分配；生活非常便利，小到日常琐事，大到经营和研究，都能够以最少的环节，高效进行。

真实透明而又保护隐私，高效协作而又尊重个体，这就是区块链可以给我们带来的数字经济和数字社会的未来愿景。当然，以目前区块链技术的发展程度，要实现这样的图画还遥不可及，我们仍然需要从头开始，一步一步做起。

第四节　数字社会的发展本质

数字社会是一个超前的概念，是一个未来的概念，因此我们现在很难对数字社会做出一个精准的定义。我们在上一小节中描绘了数字社会的一个简单图景，那么，我们是否可以在这个基础上理解数字社会的本质，以及区块链在其中扮演一个什么样的角色？

如果我们搞清楚了这个问题，就能够把握产业的发展方向，找准我们研究实践区块链技术的定位。

我们认为，未来的数字社会相对于现代社会，具有以下鲜明的特点。

1. 高效

数据作为一种生产要素，相对于其他生产要素，能够进行高效的流动。由于没有实体，不受空间限制，数据的流通方式与其他生产要素有着本质的区别。通过数据化，我们可以实现以往所无法实现的高效活动。

2. 真实

数据是高度标准化的，针对数据的真实性，可以建立起一套可复用的标准体系来进行验证。虽然数据也很可能出现造假、造伪，但当区块链技术得到广泛应用，这一隐忧便也不复存在。

3. 精准价值

由于数据高效、真实，因此能够带来更精准的价值分配。过往，无论是按劳分配，按需分配，还是按生产要素分配，都存在着劳动、需求等不能精确衡量，从而导致分配不精准，与分配标准不匹配的情况出现。这也是产生各种社会问题的一个重要原因。当社会生产生活的各项内容数据化，并且保持数据的真实性的前提下，精确衡量，精确分配将不再像以前一样遥不可及。在此基础上，社会公正的加强、公民素质的提升、生活水平的提高都将得到一个前所未有的培养环境。

从以上的分析中，我们可以看出，数字社会是人类社会的一个发展阶段，这个阶段有更高的生产力、更先进的生产关系、更加高度文明的社会。而这样一个社会的优势，是由数据的高效、真实、精准价值所驱动的。在这个过程中，区块链所起到的作用是加速数据的高效，保护数据的真实，驱动数据的精准价值。区块链技术可以通过分布式存储使数据更加高效，通过不可篡改让数据保持真实，通过通证让价值得到精准分配。于是，区块链技术可以全程为数字社会充当动力和保驾护航，成为数字社会发展所不可或缺的一部分。

区块链从来不是万能的，但是区块链一定是不可或缺的。从国家层面上来讲，国家看到了区块链技术在经济社会发展中的重要作用，故而高度重视，并且将其纳入了"新基建"；从企业层面上来讲，企业管理者们不一定要立即将区块链技术引入企业业务，但一定要积极思考和学习，跟上时代的步伐；从个人层面上来说，我们作为这个国家、这个社会的一分子，可以期待区块链技术将会给我们带来一个怎样的未来世界。

未来，让我们拭目以待。

参考文献

[1] 丁越. 基于区块链的共识机制研究[D]. 南京：南京邮电大学，2019.

[2] 蔡晓晴，邓尧，张亮，等. 区块链原理及其核心技术[J/OL]. 计算机学报，2019：1-51.

[3] 贺海武，延安，陈泽华. 基于区块链的智能合约技术与应用综述[J]. 计算机研究与发展，2018，55(11)：2452-2466.

[4] 杨昂然，黄乐军. 区块链与通证——重新定义未来商业生态[M]. 北京：机械工业出版社，2018.

[5] 陈源，胡慧超，刘韵如. 通证学[M]. 北京：机械工业出版社，2019.

[6] 曹辉. 基于区块链技术的脑卒中电子病历数据存储系统研究[D]. 北京：北京交通大学，2019.

[7] 赵昕昱，操礼庆，刘明涛，等. 基于区块链技术的医院住院预交金线上闭环管理研究[J]. 卫生经济研究，2019，36(12)：62-64.

[8] 郭宁. 区块链技术在完善医保监管机制中的探究[J]. 信息技术与信息化，2019(5)：206-208.

[9] 韩士斌，王士泉，于慧杰，等. 区块链技术在重大慢病大数据临床科研领域的应用[J]. 医疗卫生装备，2019，40(8)：54-57.

[10] 李素莹，林彦佩，马榕嘉，等. "区块链＋医疗废物处理"融合发展研究[J]. 科技与创新，2019(17)，20-24.

[11] 雷叔格，雷志斌，袁克虹. 院外医疗服务中的区块链技术应用场景[J]. 中国医院院长. 2018(10).

[12] 李婷婷.我国中小企业国际贸易融资问题研究及对策建议[D].天津:河北工业大学,2015.

[13] 王万新.基于区块链技术的银行跨境贸易结算模式优化研究[D].南昌:南昌大学,2019.

[14] 李洪敏.进出口贸易国际结算成本研究——基于SZ公司进出口贸易[D]]成都:西南财经大学,2016.

[15] 席悦.区块链技术开启跨境溯源元年[J].中国物流与采购,2017(16):48-49.

[16] 陈钰芬.基于全流程的进口B2C跨境电商商品质量风险评估体系构建[J].商业经济与管理,2019(12):5-16.

[17] 张俊,高文忠,张应晨,等.运行于区块链上的智能分布式电力能源系统:需求、概念、方法以及展望[J],自动化学报,2017,43(7):1-11.

[18] 鲁静,宋斌,向万红,等.基于区块链的电力市场交易结算智能合约[J].计算机系统应用,2017,26(12):43-50.

[19] 董盟君.区块链+版权保护:以人民在线的实践探索为例[J],新闻与写作,2020(1):17-20.

[20] 高诗晗.区块链在文化产业的应用及发展建议[J],中国市场,2018(14):74-75.

[21] 王芳,吴晓茵.工商银行区块链技术应用取得突破[J],杭州金融研修学院学报,2018(06):13-15.

[22] 汤曙光.银行供应链金融[M].北京:中国财政经济出版社,2010.

[23] 肖静华.企业跨体系数字化转型与管理适应性变革[J].改革,2020(04):37-49.

[24] Aras, Supriya Thakur, Vrushali Kulkarni. Blockchain and Its Applications-A Detailed Survey[J]. International Journal of Computer Applications, 180. 3 (2017): 29-35.